LES MÉMENTOS COMPTABLES

Tables financièr…

st…

PASCAL - FALGUIÈRES

SOMMAIRE

1	Valeur acquise par un capital de un franc après n périodes de placement à intérêts composés : $C = (1 + t)^{n}$	2
2	Valeur actuelle d'un capital de un franc payable dans n périodes : $C = (1 + t)^{-n}$	12
3	Valeur acquise, après n périodes, par une suite d'annuités de un franc placées à la fin de chaque période : $C = \frac{(1 + t)^{n} - 1}{t}$	22
4	Valeur actuelle d'une suite d'annuités de un franc versées en fin de période, pendant n périodes : $C = \frac{1 - (1 + t)^{-n}}{t}$	32
5	Valeur des annuités constantes qui amortissent en n périodes un capital de un franc : $a = \frac{t}{1 - (1 + t)^{-n}}$	42
6	Valeur acquise par un capital de un franc placé à intérêts composés pendant un certain nombre de mois	52
7	Variable binomiale $\mathcal{B}_{n;p}$, probabilités individuelles	56
7 bis	Variable binomiale $\mathcal{B}_{n;p}$, probabilités cumulées	62
8	Variable de Poisson $\mathcal{P}_{m}$, probabilités individuelles	66
8 bis	Variable de Poisson $\mathcal{P}_{m}$, probabilités cumulées	68
9	Variable normale, centrée, réduite, $\mathcal{N}$ fonction de répartition	70
9 bis	Variable normale, centrée, réduite, $\mathcal{N}$ fonction inverse de répartition	74
10	Variable de Student S_{n}, fonction inverse de répartition	76
11	Variable du Khi-deux $\mathcal{X}^{2}_{n}$, fonction inverse de répartition	78
12	Combinaison de n éléments pris k à k, C^{k}_{n}, coefficients de binômes	80

© ÉDITIONS FOUCHER, PARIS - ISBN 2.216.00038-8

FOUCHER

Table 1 C = (1 + t)^n

n	1,50	1,75	2	2,25	2,50
1	1,015 000	1,017 500	1,020 000	1,022 500	1,025 000
2	1,030 225	1,035 306	1,040 400	1,045 506	1,050 625
3	1,045 678	1,053 424	1,061 208	1,069 030	1,076 891
4	1,061 364	1,071 859	1,082 432	1,093 083	1,103 813
5	1,077 284	1,090 616	1,104 081	1,117 677	1,131 408
6	1,093 443	1,109 702	1,126 162	1,142 825	1,159 693
7	1,109 845	1,129 122	1,148 686	1,168 539	1,188 686
8	1,126 493	1,148 881	1,171 659	1,194 831	1,218 403
9	1,143 390	1,168 987	1,195 093	1,221 714	1,248 863
10	1,160 541	1,189 444	1,218 994	1,249 203	1,280 085
11	1,177 949	1,210 259	1,243 374	1,277 310	1,312 087
12	1,195 618	1,231 439	1,268 242	1,306 049	1,344 889
13	1,213 552	1,252 989	1,293 607	1,335 436	1,378 511
14	1,231 756	1,274 916	1,319 479	1,365 483	1,412 974
15	1,250 232	1,297 227	1,345 868	1,396 206	1,448 298
16	1,268 986	1,319 929	1,372 786	1,427 621	1,484 506
17	1,288 020	1,343 028	1,400 241	1,459 742	1,521 618
18	1,307 341	1,366 531	1,428 246	1,492 587	1,559 659
19	1,326 951	1,390 445	1,456 811	1,526 170	1,598 650
20	1,346 855	1,414 778	1,485 947	1,560 509	1,638 616
21	1,367 058	1,439 536	1,515 666	1,595 620	1,679 582
22	1,387 564	1,464 728	1,545 980	1,631 522	1,721 571
23	1,408 377	1,490 361	1,576 899	1,668 231	1,764 611
24	1,429 503	1,516 442	1,608 437	1,705 766	1,808 726
25	1,450 945	1,542 980	1,640 606	1,744 146	1,853 944
26	1,472 710	1,569 982	1,673 418	1,783 389	1,900 293
27	1,494 800	1,597 457	1,706 886	1,823 515	1,947 800
28	1,517 222	1,625 412	1,741 024	1,864 544	1,996 495
29	1,539 981	1,653 857	1,775 845	1,906 497	2,046 407
30	1,563 080	1,682 800	1,811 362	1,949 393	2,097 568
31	1,586 526	1,712 249	1,847 589	1,993 254	2,150 007
32	1,610 324	1,742 213	1,884 541	2,038 103	2,203 757
33	1,634 479	1,772 702	1,922 231	2,083 960	2,258 851
34	1,658 996	1,803 724	1,960 676	2,130 849	2,315 322
35	1,683 881	1,835 289	1,999 890	2,178 793	2,373 205
36	1,709 140	1,867 407	2,039 887	2,227 816	2,432 535
37	1,734 777	1,900 086	2,080 685	2,277 942	2,493 349
38	1,760 798	1,933 338	2,122 299	2,329 195	2,555 682
39	1,787 210	1,967 171	2,164 745	2,381 602	2,619 574
40	1,814 018	2,001 597	2,208 040	2,435 188	2,685 064
41	1,841 229	2,036 625	2,252 200	2,489 980	2,752 190
42	1,868 847	2,072 266	2,297 244	2,546 005	2,820 995
43	1,896 880	2,108 530	2,343 189	2,603 290	2,891 520
44	1,925 333	2,145 430	2,390 053	2,661 864	2,963 808
45	1,954 213	2,182 975	2,437 854	2,721 756	3,037 903
46	1,983 526	2,221 177	2,486 611	2,782 995	3,113 851
47	2,013 279	2,260 047	2,536 344	2,845 613	3,191 697
48	2,043 478	2,299 598	2,587 070	2,909 639	3,271 490
49	2,074 130	2,339 841	2,638 812	2,975 106	3,353 277
50	2,105 242	2,380 788	2,691 588	2,042 046	3,437 109

Valeur acquise par un capital de un franc après
n périodes de placement à intérêts composés.

1

n	3	3,25	3,50	3,75	4
1	1,030 000	1,032 500	1,035 000	1,037 500	1,040 000
2	1,060 900	1,066 056	1,071 225	1,076 406	1,081 600
3	1,092 727	1,100 703	1,108 718	1,116 771	1,124 864
4	1,125 508	1,136 475	1,147 523	1,158 650	1,169 859
5	1,159 274	1,173 411	1,187 686	1,202 100	1,216 653
6	1,194 052	1,211 547	1,229 255	1,247 179	1,265 319
7	1,229 873	1,250 922	1,272 279	1,293 948	1,315 932
8	1,266 770	1,291 577	1,316 809	1,342 471	1,368 569
9	1,304 773	1,333 553	1,362 897	1,392 813	1,423 312
10	1,343 916	1,376 894	1,410 599	1,445 044	1,480 244
11	1,384 233	1,421 643	1,459 970	1,499 233	1,539 454
12	1,425 760	1,467 846	1,511 069	1,555 454	1,601 032
13	1,468 533	1,515 551	1,563 956	1,613 784	1,665 074
14	1,512 589	1,564 807	1,618 695	1,674 301	1,731 676
15	1,557 967	1,615 663	1,675 349	1,737 087	1,800 944
16	1,604 706	1,668 172	1,733 986	1,802 228	1,872 981
17	1,652 847	1,722 388	1,794 676	1,869 811	1,947 900
18	1,702 433	1,778 365	1,857 489	1,939 929	2,025 817
19	1,753 506	1,836 162	1,922 501	2,012 677	2,106 849
20	1,806 111	1,895 837	1,989 789	2,088 152	2,191 123
21	1,860 294	1,957 452	2,059 431	2,166 458	2,278 768
22	1,916 103	2,021 069	2,131 512	2,247 700	2,369 919
23	1,973 586	2,086 754	2,206 114	2,331 989	2,464 716
24	2,032 794	2,154 574	2,283 328	2,419 438	2,563 304
25	2,093 777	2,224 597	2,363 245	2,510 167	2,665 836
26	2,156 591	2,296 897	2,445 959	2,604 298	2,772 470
27	2,221 289	2,371 546	2,531 567	2,701 960	2,883 369
28	2,287 927	2,448 621	2,620 172	2,803 283	2,998 703
29	2,356 565	2,528 201	2,711 878	2,908 406	3,118 651
30	2,427 262	2,610 368	2,806 794	3,017 471	3,243 398
31	2,500 080	2,695 205	2,905 031	3,130 626	3,373 133
32	2,575 083	2,782 799	3,006 708	3,248 025	3,508 059
33	2,652 335	2,873 240	3,111 942	3,369 826	3,648 381
34	2,731 905	2,966 620	3,220 860	3,496 194	3,794 316
35	2,813 862	3,063 036	3,333 590	3,627 301	3,946 089
36	2,898 278	3,162 584	3,450 266	3,763 325	4,103 933
37	2,985 227	3,265 368	3,571 025	3,904 450	4,268 090
38	3,074 783	3,371 493	3,696 011	4,050 867	4,438 813
39	3,167 027	3,481 066	3,825 372	4,202 774	4,616 366
40	3,262 038	3,594 201	3,959 260	4,360 378	4,801 021
41	3,359 899	3,711 012	4,097 834	4,523 892	4,993 061
42	3,460 696	3,381 620	4,241 258	4,693 538	5,192 784
43	3,564 517	3,956 148	4,389 702	4,869 546	5,400 495
44	3,671 452	4,084 723	4,543 342	5,052 154	5,616 515
45	3,781 596	4,217 476	4,702 359	5,241 610	5,841 176
46	3,895 044	4,354 544	4,866 941	5,438 170	6,074 823
47	4,011 895	4,496 067	5,037 284	5,642 102	6,317 816
48	4,132 252	4,642 189	5,213 589	5,853 681	6,570 528
49	4,256 219	4,793 061	5,396 065	6,073 194	6,833 349
50	4,383 906	4,948 835	5,584 927	6,300 938	7,106 683

Table 1 $C = (1 + t)^n$

n	4,25	4,50	4,75	5	5,25
1	1,042 500	1,045 000	1,047 500	1,050 000	1,052 500
2	1,086 806	1,092 025	1,097 256	1,102 500	1,107 756
3	1,132 996	1,141 166	1,149 376	1,157 625	1,165 913
4	1,181 148	1,192 519	1,203 971	1 215 506	1,227 124
5	1,231 347	1,246 182	1 261 160	1 276 282	1,291 548
6	1,283 679	1,302 260	1,321 065	1,340 096	1,359 354
7	1,338 235	1,360 862	1,383 816	1,407 100	1,430 720
8	1,395 110	1,422 101	1,449 547	1,477 455	1,505 833
9	1,454 402	1,486 095	1,518 400	1,551 328	1,584 889
10	1,516 214	1,552 969	1,590 524	1,628 895	1,668 096
11	1,580 654	1,622 853	1,666 074	1,710 339	1,755 671
12	1,647 831	1,695 881	1,745 213	1,795 856	1,847 844
13	1,717 864	1,772 196	1,828 110	1,885 649	1,944 856
14	1,790 873	1,851 945	1,914 946	1,979 932	2,046 960
15	1,866 986	1,935 282	2,005 906	2,078 928	2,154 426
16	1,946 332	2,022 370	2,101 186	2,182 875	2,267 533
17	2,029 052	2,113 377	2,200 992	2,292 018	2,386 579
18	2,115 286	2,208 479	2,305 540	2,406 619	2,511 874
19	2,205 186	2,307 860	2,415 053	2,526 950	2,643 748
20	2,298 906	2,411 714	2,529 768	2,653 298	2,782 544
21	2,396 610	2,520 241	2,649 932	2,785 963	2,928 628
22	2,498 466	2,633 652	2,775 803	2,925 261	3,082 381
23	2,604 651	2,752 166	2,907 654	3,071 524	3,244 206
24	2,715 348	2,876 014	3,045 768	3,225 100	3,414 527
25	2,830 750	3,005 434	3,190 442	3,386 355	3,593 789
26	2,951 057	3,140 679	3,341 988	3,555 673	3,782 463
27	3,076 477	3,282 010	3,500 732	3,733 456	3,981 043
28	3,207 228	3,429 700	3,667 017	3,920 129	4,190 047
29	3,343 535	3,584 036	3,841 200	4,116 136	4,410 025
30	3,485 635	3,745 318	4,023 657	4,321 942	4,641 551
31	3,633 774	3,913 857	4,214 780	4,538 039	4,885 232
32	3,788 209	4,089 981	4,414 982	4,764 941	5,141 707
33	3,949 208	4,274 030	4,624 694	5,003 189	5,411 647
34	4,117 050	4,466 362	4,844 367	5,253 348	5,695 758
35	4,292 024	4,667 348	5,074 474	5,516 015	5,994 785
36	4,474 435	4,877 378	5,315 512	5,791 816	6,309 512
37	4,664 599	5,096 860	5,567 999	6,081 407	6,640 761
38	4,862 844	5,326 219	5,832 479	6,385 477	6,989 401
39	5,069 515	5,565 899	6,109 522	6,704 751	7,356 344
40	5,284 970	5,816 365	6,399 724	7,039 989	7,742 553
41	5,509 581	6,078 101	6,703 711	7,391 988	8,149 037
42	5,743 738	6,351 615	7,022 137	7,761 588	8,576 861
43	5,987 847	6,637 438	7,355 689	8,149 667	9,027 146
44	6,242 331	6,936 112	7,705 084	8,557 150	9,501 071
45	6,507 630	7,248 248	8,071 075	8,985 008	9,999 878
46	6,784 204	7,574 420	8,454 451	9,434 258	10,524 871
47	7,072 533	7,915 268	8,856 038	9,905 971	11,077 427
48	7,373 115	8,271 456	9,276 700	10,401 270	11,658 992
49	7,686 473	8,643 671	9,717 343	10,921 333	12,271 089
50	8,013 148	9,032 636	10,178 917	11,467 400	12,915 321

Valeur acquise par un capital de un franc après *n* périodes de placement à intérêts composés.

n	5,50	5,75	6	6,25	6,50
1	1,055 000	1,057 500	1,060 000	1,062 500	1,065 000
2	1,113 025	1,118 306	1,123 600	1,128 906	1,134 225
3	1,174 241	1,182 609	1,191 016	1,199 462	1,207 950
4	1,238 825	1,250 609	1,262 477	1,274 429	1,286 466
5	1,306 960	1,322 519	1,338 226	1,354 081	1,370 087
6	1,378 843	1,398 564	1,418 519	1,438 711	1,459 142
7	1,454 679	1,478 981	1,503 630	1,528 630	1,553 987
8	1,534 687	1,564 023	1,593 848	1,624 170	1,654 996
9	1,619 094	1,653 954	1,689 479	1,725 680	1,762 570
10	1,708 144	1,749 056	1,790 848	1,833 535	1,877 137
11	1,802 092	1,849 627	1,898 299	1,948 131	1,999 151
12	1,901 207	1,955 980	2,012 196	2,069 889	2,129 096
13	2,005 774	2,068 449	2,132 928	2,199 258	2,267 487
14	2,116 091	2,187 385	2,260 904	2,336 711	2,414 874
15	2,232 476	2,313 160	2,396 558	2,482 756	2,571 841
16	2,355 263	2,446 167	2,540 352	2,637 928	2,739 011
17	2,484 802	2,586 821	2,692 773	2,802 799	2,917 046
18	2,621 466	2,735 563	2,854 339	2,977 973	3,106 654
19	2,765 647	2,892 858	3,025 600	3,164 097	3,308 587
20	2,917 757	3,059 198	3,207 135	3,361 853	3,523 645
21	3,078 234	3,235 101	3,399 564	3,571 969	3,752 682
22	3,247 537	3,421 120	3,603 537	3,795 217	3,996 606
23	3,426 152	3,617 834	3,819 750	4,032 418	4,256 386
24	3,614 590	3,825 860	4,048 935	4,284 444	4,533 051
25	3,813 392	4,045 846	4,291 871	4,552 222	4,827 699
26	4,023 129	4,278 483	4,549 383	4,836 736	5,141 500
27	4,244 401	4,524 495	4,822 346	5,139 032	5,475 697
28	4,477 843	4,784 654	5,111 687	5,460 221	5,831 617
29	4,724 124	5,059 772	5,418 388	5,801 485	6,210 672
30	4,983 951	5,350 708	5,743 491	6,164 078	6,614 366
31	5,258 069	5,658 374	6,088 101	6,549 333	7,044 300
32	5,547 262	5,983 730	6,453 387	6,958 666	7,502 179
33	5,852 362	6,327 795	6,840 590	7,393 583	7,989 821
34	6,174 242	6,691 643	7,251 025	7,855 682	8,509 159
35	6,513 825	7,076 412	7,686 087	8,346 662	9,062 254
36	6,872 085	7,483 306	8,147 252	8,868 329	9,651 301
37	7,250 050	7,913 596	8,636 087	9,422 599	10,278 636
38	7,648 803	8,368 628	9,154 252	10,011 512	10,946 747
39	8,069 487	8,849 824	9,703 507	10,637 231	11,658 286
40	8,513 309	9,358 689	10,285 718	11,302 058	12,416 074
41	8,981 541	9,896 814	10,902 861	12,008 437	13,223 119
42	9,475 526	10,465 881	11,557 033	12,758 964	14,082 622
43	9,996 679	11,067 669	12,250 455	13,556 399	14,997 992
44	10,546 497	11,704 060	12,985 482	14,403 674	15,972 862
45	11,126 554	12,377 043	13,764 611	15,303 904	17,011 098
46	11,738 515	13,088 723	14,590 487	16,260 398	18,116 819
47	12,384 133	13,841 325	15,465 917	17,276 673	19,294 412
48	13,065 260	14,637 201	16,393 872	18,356 465	20,548 549
49	13,783 849	15,478 840	17,377 504	19,503 744	21,884 205
50	14,541 961	16,368 873	18,420 154	20,722 728	23,306 678

Table 1 $C = (1 + t)^n$

n	6,75	7	7,25	7,50	7,75
1	1,067 500	1,070 000	1,072 500	1,075 000	1,077 500
2	1,139 556	1,144 900	1,150 256	1,155 625	1,161 006
3	1,216 476	1,225 043	1,233 649	1,242 297	1,250 984
4	1,298 588	1,310 796	1,323 089	1,335 469	1,347 936
5	1,386 243	1,402 552	1,419 013	1,435 629	1,452 401
6	1,479 814	1,500 730	1,521 891	1,543 302	1,564 962
7	1,579 702	1,605 781	1,632 229	1,659 049	1,686 246
8	1,686 331	1,718 186	1,750 565	1,783 478	1,816 930
9	1,800 159	1,838 459	1,877 481	1,917 239	1,957 742
10	1,921 670	1,967 151	2,013 599	2,061 032	2,109 467
11	2,051 382	2,104 852	2,159 585	2,215 609	2,272 951
12	2,189 851	2,252 192	2,316 155	2,381 780	2,449 105
13	2,337 666	2,409 845	2,484 076	2,560 413	2,638 910
14	2,495 458	2,578 534	2,664 171	2,752 444	2,843 426
15	2,663 902	2,759 032	2,857 324	2,958 877	3,063 791
16	2,843 715	2,952 164	3,064 480	3,180 793	3,301 235
17	3,035 666	3,158 815	3,286 655	3,419 353	3,557 081
18	3,240 573	3,379 932	3,524 937	3,674 804	3,832 754
19	3,459 312	3,616 528	3,780 495	3,951 489	4,129 793
20	3,692 816	3,869 684	4,054 581	4,247 851	4,449 852
21	3,942 081	4,140 562	4,348 538	4,566 440	4,794 715
22	4,208 171	4,430 402	4,663 807	4,908 923	5,166 306
23	4,492 223	4,740 530	5,001 933	5,277 092	5,566 695
24	4,795 448	5,072 367	5,364 573	5,672 874	5,998 113
25	5,119 141	5,427 433	5,753 505	6,098 340	6,462 967
26	5,463 683	5,807 353	6,170 634	6,555 715	6,963 847
27	5,833 549	6,213 868	6,618 005	7,047 394	7,503 545
28	6,227 313	6,648 838	7,097 810	7,575 948	8,085 070
29	6,647 657	7,114 257	7,612 402	8,144 144	8,711 663
30	7,096 374	7,612 255	8,164 301	8,754 955	9,386 817
31	7,575 379	8,145 112	8,756 213	9,411 576	10,114 295
32	8,086 717	8,715 270	9,391 038	10,117 445	10,898 153
33	8,632 571	9,325 339	10,071 888	10,876 253	11,742 760
34	9,215 269	9,978 113	10,802 100	11,691 972	12,652 824
35	9,837 300	10,676 581	11,585 253	12,568 870	13,633 418
36	10,501 318	11,423 942	12,425 184	13,511 535	14,690 007
37	11,210 157	12,223 618	13,326 009	14,524 900	15,828 483
38	11,966 842	13,079 271	14,292 145	15,614 268	17,055 190
39	12,774 604	13,994 820	15,328 326	16,785 338	18,376 968
40	13,636 890	14,974 457	16,439 629	18,044 239	19,801 183
41	14,557 380	16,022 669	17,631 503	19,397 557	21,335 774
42	15,540 003	17,144 256	18,909 786	20,852 373	22,989 297
43	16,588 953	18,344 354	20,280 746	22,416 301	24,770 967
44	17,708 708	19,628 459	21,751 100	24,097 524	26,690 717
45	18,904 046	21,002 451	23,328 055	25,904 838	28,759 248
46	20,180 069	22,472 623	25,019 339	27,847 701	30,988 098
47	21,542 223	24,045 707	26,833 241	29,936 279	33,389 666
48	22,996 323	25,728 906	28,778 651	32,181 500	35,977 365
49	24,548 575	27,529 929	30,865 103	34,595 112	38,765 611
50	26,205 604	29,457 025	33,102 823	37,189 746	41,769 946

Valeur acquise par un capital de un franc après
n périodes de placement à intérêts composés.

n	8	8,25	8,50	8,75	9
1	1,080 000	1,082 500	1,085 000	1,087 500	1,090 000
2	1,166 400	1,171 806	1,177 225	1,182 656	1,188 100
3	1,259 712	1,268 480	1,277 289	1,286 139	1,295 029
4	1,360 489	1,373 130	1,385 859	1,398 676	1,411 582
5	1,469 328	1,486 413	1,503 657	1,521 060	1,538 624
6	1,586 874	1,609 042	1,631 467	1,654 153	1,677 100
7	1,713 824	1,741 788	1,770 142	1,798 891	1,828 039
8	1,850 930	1,885 486	1,920 604	1,956 294	1,992 563
9	1,999 005	2,041 038	2,083 856	2,127 470	2,171 893
10	2,158 925	2,209 424	2,260 983	2,313 623	2,367 364
11	2,331 639	2,391 701	2,453 167	2,516 065	2,580 426
12	2,518 170	2,589 017	2,661 686	2,736 221	2,812 665
13	2,719 624	2,802 611	2,887 929	2,975 640	3,065 805
14	2,937 194	3,033 826	3,133 403	3,236 009	3,341 727
15	3,172 169	3,284 117	3,399 743	3,519 160	3,642 482
16	3,425 943	3,555 056	3,688 721	3,827 086	3,970 306
17	3,700 018	3,848 348	4,002 262	4,161 956	4,327 633
18	3,996 019	4,165 837	4,342 454	4,526 127	4,717 120
19	4,315 701	4,509 519	4,711 563	4,922 163	5,141 661
20	4,660 957	4,881 554	5,112 046	5,352 853	5,604 411
21	5,033 833	5,284 282	5,546 570	5,821 227	6,108 808
22	5,436 540	5,720 235	6,018 028	6,330 585	6,658 600
23	5,871 463	6,192 155	6,529 561	6,884 511	7,257 874
24	6,341 181	5,703 007	7,084 573	7,486 906	7,911 083
25	6,848 475	7,256 006	7,686 762	8,142 010	8,623 080
26	7,396 353	7,854 626	8,340 137	8,854 436	8,399 158
27	7,988 061	8,502 633	9,049 048	9,629 199	10,245 082
28	8,627 106	9,204 100	9,818 218	10,471 754	11,167 139
29	9,317 275	9,963 438	10,652 766	11,388 032	12,172 182
30	10,062 657	10,785 422	11,558 251	12,384 485	13,267 678
31	10,867 669	11,675 219	12,540 702	13,468 127	14,461 769
32	11,737 083	12,638 425	13,606 662	14,646 589	15,763 328
33	12,676 049	13,681 095	14,763 228	15,928 165	17,182 028
34	13,690 133	14,809 785	16,018 103	17,321 880	18,728 410
35	14,785 344	16,031 592	17,379 642	18,837 544	20,413 967
36	15,968 171	17,354 198	18,856 911	20,485 829	22,251 224
37	17,245 625	18,785 920	20,459 749	22,278 339	24,253 834
38	18,625 275	20,335 758	22,198 827	24,227 694	26,436 679
39	20,115 297	22,013 458	24,085 728	26,347 617	28,815 980
40	21,724 521	23,829 569	26,133 014	28,653 033	31,409 419
41	23,462 482	25,795 508	28,354 321	31,160 174	34,236 266
42	25,339 481	27,923 637	30,764 438	33,886 689	37,317 530
43	27,366 639	30,227 337	33,379 415	36,851 774	40,676 108
44	29,555 970	32,721 093	36,216 665	40,076 305	44,336 958
45	31,920 448	35,420 583	39,295 082	43,582 981	48,327 284
46	34,474 084	38,342 781	42,635 164	47,396 492	52,676 740
47	37,232 011	41,506 060	46,259 153	51,453 685	57,417 646
48	40,210 571	44,930 310	50,191 181	56,053 758	62,585 234
49	43,427 417	48,637 061	54,457 431	60,958 461	68,217 905
50	46,901 611	52,649 619	59,086 313	66,292 327	74,357 517

Table 1 $C = (1 + t)^n$

n	9,25	9,50	9,75	10
1	1,092 500	1,095 000	1,097 500	1,100 000
2	1,193 556	1,199 025	1,204 506	1,210 000
3	1,303 960	1,312 932	1,321 946	1,331 000
4	1,424 577	1,437 661	1,450 835	1,464 100
5	1,556 350	1,574 239	1,592 292	1,610 510
6	1,700 312	1,723 791	1,747 540	1,771 561
7	1,857 591	1,887 552	1,917 925	1,948 717
8	2,029 418	2,066 869	2,104 923	2,143 589
9	2,217 139	2,263 222	2,310 153	2,357 948
10	2,422 225	2,478 228	2,535 393	2,593 742
11	2,646 281	2,713 659	2,782 594	2,853 117
12	2,891 062	2,971 457	3,053 897	3,138 428
13	3,158 485	3,253 745	3,351 652	3,452 271
14	3,450 645	3,562 851	3,678 438	3,797 498
15	3,769 829	3,901 322	4,037 085	4,177 248
16	4,118 538	4,271 947	4,430 701	4,594 973
17	4,499 503	4,677 782	4,862 694	5,054 470
18	4,915 707	5,122 172	5,336 807	5,559 917
19	5,370 410	5,608 778	5,857 146	6,115 909
20	5,867 173	6,141 612	6,428 218	6,727 500
21	6,409 887	6,725 065	7,054 969	7,400 250
22	7,002 801	7,363 946	7,742 828	8,140 275
23	7,650 560	8,063 521	8,497 754	8,954 302
24	8,358 237	8,829 556	9,326 285	9,849 733
25	9,131 374	9,668 363	10,235 598	10,834 706
26	9,976 026	10,586 858	11,233 568	11,918 176
27	10,898 808	11,592 609	12,328 841	13,109 994
28	11,906 948	12,693 907	13,530 903	14,420 993
29	13,008 341	13,899 828	14,850 166	15,863 093
30	14,211 612	15,220 312	16,298 058	17,449 402
31	15,526 186	16,666 242	17,887 118	19,194 342
32	16,962 359	18,249 535	19,631 112	21,113 776
33	18,531 377	19,983 241	21,545 146	23,225 154
34	20,245 529	21,881 648	23,645 797	25,547 669
35	22,118 241	23,960 405	25,951 263	28,102 436
36	24,164 178	26,236 644	28,481 511	30,912 680
37	26,399 364	28,729 125	31,258 458	34,003 948
38	28,841 306	31,458 391	34,306 158	37,404 343
39	31,509 126	34,446 939	37,651 008	41,144 777
40	34,423 720	37,719 398	41,321 981	45,259 255
41	37,607 915	41,302 741	45,350 875	49,785 180
42	41,086 647	45,226 501	49,772 585	54,763 698
43	44,887 161	49,523 019	54,625 412	60,240 068
44	49,039 224	54,227 705	59,951 390	66,264 075
45	53,575 352	59,379 337	65,796 650	72,890 482
46	58,531 072	65,020 374	72,211 823	80,179 530
47	63,945 196	71,197 310	79,252 476	88,197 483
48	69,860 127	77,961 054	86,979 593	97,017 232
49	76,322 189	85,367 355	95,460 103	106,718 955
50	83,381 991	93,477 253	104,767 463	117,390 850

Valeur acquise par un capital de un franc après *n* périodes de placement à intérêts composés.

n	10,25	10,50	10,75	11	11,25
1	1,102 500	1,105 000	1,107 500	1,110 000	1,112 500
2	1,215 506	1,221 025	1,226 556	1,232 100	1,237 656
3	1,340 096	1,349 233	1,358 411	1,367 631	1,376 893
4	1,477 455	1,490 902	1,504 440	1,518 070	1,531 793
5	1,628 895	1,647 447	1,666 168	1,685 058	1,704 120
6	1,795 856	1,820 429	1,845 281	1,870 415	1,895 833
7	1,979 932	2,011 574	2,043 648	2,076 160	2,109 114
8	2,182 875	2,222 789	2,263 340	2,304 538	2,346 390
9	2,406 619	2,456 182	2,506 650	2,558 037	2,610 359
10	2,653 298	2,714 081	2,776 114	2,839 421	2,904 024
11	2,925 261	2,999 059	3,074 547	3,151 757	3,230 726
12	3,225 100	3,313 961	3,405 060	3,498 451	3,594 183
13	3,555 673	3,661 926	3,771 104	3,883 280	3,998 529
14	3,920 129	4,046 428	4,176 498	4,310 441	4,448 364
15	4,321 942	4,471 304	4,625 472	4,784 589	4,948 804
16	4,764 941	4,940 791	5,122 710	5,310 894	5,505 545
17	5,253 348	5,459 574	5,673 401	5,895 093	6,124 919
18	5,791 816	6,032 829	6,283 292	6,543 553	6,813 972
19	6,385 477	6,666 276	6,958 746	7,263 344	7,580 544
20	7,039 989	7,366 235	7,706 811	8,062 312	8,433 355
21	7,761 588	8,139 689	8,535 293	8,949 166	9,382 108
22	8,557 150	8,994 357	9,452 837	9,933 574	10,437 595
23	9,434 258	9,938 764	10,469 017	11,026 267	11,611 824
24	10,401 270	10,982 335	11,594 436	12,239 157	12,921 638
25	11,467 400	12,135 480	12,840 838	13,585 464	14,375 322

n	11,50	11,75	12	12,25	12,50
1	1,115 000	1,117 500	1,120 000	1,122 500	1,125 000
2	1,243 225	1,248 806	1,254 400	1,260 006	1,265 625
3	1,386 195	1,395 541	1,404 928	1,414 357	1,423 828
4	1,545 608	1,559 517	1,573 519	1,587 616	1,601 807
5	1,723 353	1,742 760	1,762 342	1,782 099	1,802 032
6	1,921 539	1,947 535	1,973 823	2,000 406	2,027 287
7	2,142 516	2,176 370	2,210 681	2,245 455	2,280 697
8	2,388 905	2,432 093	2,475 963	2,520 524	2,565 785
9	2,663 630	2,717 864	2,773 079	2,829 288	2,886 508
10	2,969 947	3,037 213	3,105 848	3,175 875	3,247 321
11	3,311 491	3,394 086	3,478 550	3,564 920	3,653 236
12	3,692 312	3,792 891	3,895 976	4,001 623	4,109 895
13	4,116 928	4,238 556	4,363 493	4,491 822	4,623 627
14	4,590 375	4,736 586	4,887 112	5,042 070	5,201 580
15	5,118 268	5,293 135	5,473 566	5,659 724	5,851 778
16	5,706 869	5,915 078	6,130 394	6,353 040	6,583 250
17	6,363 159	6,610 100	6,866 041	7,131 287	7,406 156
18	7,094 922	7,386 787	7,689 966	8,004 870	8,331 926
19	7,910 838	8,254 734	8,612 762	8,985 467	9,373 417
20	8,820 584	9,224 666	9,646 293	10,086 186	10,545 094
21	9,834 951	10,308 564	10,803 848	11,321 744	11,863 231
22	10,965 971	11,519 820	12,100 310	12,708 658	13,346 134
23	12,227 057	12,873 399	13,552 347	14,265 469	15,014 401
24	13,633 169	14,386 023	15,178 629	16,012 989	16,891 201
25	15,200 983	16,076 381	17,000 064	17,974 580	19,002 602

Table 1 $C = (1 + t)^n$

n	12,75	13	13,25	13,50	13,75
1	1,127 500	1,130 000	1,132 500	1,135 000	1,137 500
2	1,271 256	1,276 900	1,282 556	1,288 225	1,293 906
3	1,433 341	1,442 897	1,452 495	1,462 135	1,471 818
4	1,616 092	1,630 474	1,644 951	1,659 524	1,674 193
5	1,822 144	1,842 435	1,862 906	1,883 560	1,904 395
6	2,054 468	2,081 952	2,109 742	2,137 840	2,166 250
7	2,316 412	2,352 605	2,389 282	2,426 449	2,464 109
8	2,611 755	2,658 444	2,705 862	2,754 019	2,802 923
9	2,944 754	3,004 042	3,064 389	3,125 811	3,188 325
10	3,320 210	3,394 567	3,470 421	3,547 796	3,626 720
11	3,743 536	3,835 861	3,930 251	4,026 748	4,125 394
12	4,220 837	4,334 523	4,451 010	4,570 359	4,692 636
13	4,758 994	4,898 011	5,040 768	5,187 358	5,337 873
14	5,365 766	5,534 753	5,708 670	5,887 651	6,071 831
15	6,049 901	6,254 270	6,465 069	6,682 484	6,906 708
16	6,821 263	7,067 326	7,321 691	7,584 619	7,856 380
17	7,690 974	7,986 078	8,291 815	8,608 543	8,936 632
18	8,671 574	9,024 268	9,390 480	9,770 696	10,165 420
19	9,777 199	10,197 423	10,634 719	11,089 740	11,563 164
20	11,023 792	11,523 088	12,043 819	12,586 855	13,153 100
21	12,429 326	13,021 089	13,639 625	14,286 080	14,961 651
22	14,014 065	14,713 831	15,446 875	16,214 701	17,018 878
23	15,800 858	16,626 629	17,493 586	18,403 686	19,358 973
24	17,815 467	18,788 091	19,811 486	20,888 184	22,020 832
25	20,086 939	21,230 542	22,436 508	23,708 088	25,048 697

n	14	14,25	14,50	14,75	15
1	1,140 000	1,142 500	1,145 000	1,147 500	1,150 000
2	1,299 600	1,305 306	1,311 025	1,316 756	1,322 500
3	1,481 544	1,491 312	1,501 124	1,510 978	1,520 875
4	1,688 960	1,703 824	1,718 787	1,733 847	1,749 006
5	1,925 415	1,946 619	1,968 011	1,989 589	2,011 357
6	2,194 973	2,224 013	2,253 372	2,283 054	2,313 061
7	2,502 269	2,540 934	2,580 111	2,619 804	2,660 020
8	2,852 586	2,903 018	2,954 227	3,006 225	3,059 023
9	3,251 949	3,316 976	3,382 590	3,449 644	3,517 876
10	3,707 221	3,789 327	3,873 066	3,958 466	4,045 558
11	4,226 232	4,329 306	4,434 660	4,542 340	4,652 391
12	4,817 905	4,946 232	5,077 686	5,212 335	5,350 250
13	5,492 411	5,651 070	5,813 950	5,981 155	6,152 788
14	6,261 349	6,456 348	6,656 973	6,863 375	7,075 706
15	7,137 938	7,376 377	7,622 234	7,875 723	8,137 062
16	8,137 249	8,427 511	8,727 458	9,037 392	9,357 621
17	9,276 464	9,628 432	9,992 940	10,370 407	10,761 264
18	10,575 169	11,000 483	11,441 916	11,900 042	12,375 454
19	12,055 693	12,568 052	13,100 994	13,655 298	14,231 772
20	13,743 490	14,358 999	15,000 638	15,669 455	16,366 537
21	15,667 578	16,405 157	17,175 731	17,980 699	18,821 518
22	17,861 039	18,742 892	19,666 212	20,632 852	21,644 746
23	20,361 585	21,413 754	22,517 812	23,676 198	24,891 458
24	23,212 207	24,465 213	25,782 895	27,168 437	28,625 176
25	26,461 916	27,951 506	29,521 415	31,175 782	32,918 953

Valeur acquise par un capital de un franc après
n périodes de placement à intérêts composés.

n	16	16,25	16,50	16,75	17
1	1,160 000	1,162 500	1,165 000	1,167 500	1,170 000
2	1,345 600	1,351 406	1,357 225	1,363 056	1,368 900
3	1,560 896	1,571 010	1,581 167	1,591 368	1,601 613
4	1,810 639	1,826 299	1,842 060	1,857 922	1,873 887
5	2,100 342	2,123 072	2,146 000	2,169 124	2,192 448
6	2,436 396	2,468 072	2,500 089	2,532 453	2,565 164
7	2,826 220	2,869 133	2,912 604	2,956 638	3,001 242
8	3,278 415	3,335 367	3,393 184	3,451 875	3,511 453
9	3,802 961	3,877 365	3,953 059	4,030 065	4,108 400
10	4,411 435	4,507 436	4,605 314	4,705 100	4,806 828

n	17,50	18	18,50	19	19,50
1	1,175 000	1,180 000	1,185 000	1,190 000	1,195 000
2	1,380 625	1,392 400	1,404 225	1,416 100	1,428 025
3	1,622 234	1,643 032	1,664 007	1,685 159	1,706 490
4	1,906 125	1,938 778	1,971 848	2,005 339	2,039 255
5	2,239 697	2,287 758	2,336 640	2,386 354	2,436 910
6	2,631 644	2,699 554	2,768 918	2,839 761	2,912 108
7	3,092 182	3,185 474	3,281 168	3,379 315	3,479 969
8	3,633 314	3,758 859	3,888 184	4,021 385	4,158 563
9	4,269 144	4,435 454	4,607 498	4,785 449	4,969 482
10	5,016 244	5,233 836	5,459 885	5,694 684	5,938 531

n	20	20,50	21	21,50	22
1	1,200 000	1,205 000	1,210 000	1,215 000	1,220 000
2	1,440 000	1,452 025	1 ,464 100	1,476 225	1,488 400
3	1,728 000	1,749 690	1,771 561	1,793 613	1,815 848
4	2,073 600	2,108 377	2,143 589	2,179 240	2,215 335
5	2,488 320	2,540 594	2,593 742	2,647 777	2,702 708
6	2,985 984	3,061 416	3,138 428	3,217 049	3,297 304
7	3,583 181	3,689 006	3,797 498	3,908 714	4,022 711
8	4,299 817	4,445 252	4,594 973	4,749 088	4,907 707
9	5,159 780	5,356 529	5,559 917	5,770 142	5,987 403
10	6,191 736	6,454 617	6,727 500	7,010 722	7,304 631

n	22,50	23	23,50	24	25
1	1,225 000	1,230 000	1,235 000	1,240 000	1,250 000
2	1,500 625	1,512 900	1,525 225	1,537 600	1,562 500
3	1,838 266	1,860 867	1,883 653	1,906 624	1,953 125
4	2,251 875	2,288 866	2,326 311	2,364 214	2,441 406
5	2,758 547	2,815 306	2,872 994	2,931 625	3,051 758
6	3,379 221	3,462 826	3,548 148	3,635 215	3,814 697
7	4,139 545	4,259 276	4,381 963	4,507 667	4,768 372
8	5,070 943	5,238 909	5,411 724	5,589 507	5,960 464
9	6,211 905	6,443 859	6,683 479	6,930 988	7,450 581
10	7,609 584	7,925 946	8,254 097	8,594 426	9,313 226

Table 2 $C = (1 + t)^{-n}$

n	1,50	2	2,50	2,75	3
1	0,985 222	0,980 392	0,975 610	0,973 236	0,970 874
2	0,970 662	0,961 169	0,951 814	0,947 188	0,942 596
3	0,956 317	0,942 322	0,928 599	0,921 837	0,915 142
4	0,942 184	0,923 845	0,905 951	0,897 165	0,888 487
5	0,928 260	0,905 731	0,883 854	0,873 154	0,862 609
6	0,914 542	0,887 971	0,862 297	0,849 784	0,837 484
7	0,901 027	0,870 560	0,841 265	0 827 041	0,813 092
8	0,887 711	0,853 490	0,820 747	0 805 906	0,789 409
9	0,874 592	0,836 755	0,800 728	0,783 363	0,766 417
10	0,861 667	0,820 348	0,781 198	0,762 397	0,744 094
11	0,848 933	0,804 263	0,762 145	0,741 993	0,722 421
12	0,836 387	0,788 493	0,743 556	0,722 134	0,701 380
13	0,824 027	0,773 033	0,725 420	0,702 807	0,680 951
14	0,811 849	0,757 875	0,707 727	0,683 997	0,661 118
15	0,799 852	0,743 015	0,690 466	0,665 690	0,641 862
16	0,788 031	0,728 446	0,673 625	0,647 874	0,623 167
17	0,776 385	0,714 163	0,657 195	0,630 534	0,605 016
18	0,764 912	0,700 159	0,641 166	0,613 658	0,587 395
19	0,753 607	0,686 431	0,625 528	0,597 235	0,570 286
20	0,742 470	0,672 971	0,610 271	0,581 250	0,553 676
21	0,731 498	0,659 776	0,595 386	0,565 694	0,537 549
22	0,720 688	0,646 839	0,580 865	0,550 553	0,521 893
23	0,710 037	0,634 156	0,566 697	0,535 818	0,506 692
24	0,699 544	0,621 721	0,552 875	0,521 478	0,491 934
25	0,689 206	0,609 531	0,539 391	0,507 521	0,477 606
26	0,679 021	0,597 579	0,526 235	0,493 938	0,463 695
27	0,668 986	0,585 862	0,513 400	0,480 718	0,450 189
28	0,659 099	0,574 375	0,500 878	0,467 852	0,437 077
29	0,649 359	0,563 112	0,488 661	0,455 330	0,424 346
30	0,639 762	0,552 071	0,476 743	0,443 144	0,411 987
31	0,630 308	0,541 246	0,465 115	0,431 283	0,399 978
32	0,620 993	0,530 633	0,453 771	0,419 741	0,388 337
33	0,611 816	0,520 229	0,442 703	0,408 507	0,377 026
34	0,602 774	0,510 028	0,431 905	0,397 573	0,366 045
35	0,593 866	0,500 028	0,421 371	0,386 933	0,355 383
36	0,585 090	0,490 223	0,411 094	0,376 577	0,345 032
37	0,576 443	0,480 611	0,401 067	0,366 498	0,334 983
38	0,567 924	0,471 187	0,391 285	0,356 689	0,325 226
39	0,559 531	0,461 948	0,381 741	0,347 143	0,315 754
40	0,551 262	0,452 890	0,372 431	0,337 852	0,306 557
41	0,543 116	0,444 010	0,363 347	0,328 809	0,297 628
42	0,535 089	0,435 304	0,354 485	0,320 009	0,288 959
43	0,527 182	0,426 769	0,345 839	0,311 444	0,280 543
44	0,519 391	0,418 401	0,337 404	0,303 109	0,272 372
45	0,511 715	0,410 197	0,329 174	0,294 997	0,264 439
46	0,504 158	0,402 154	0,321 146	0,287 101	0,256 737
47	0,496 702	0,394 268	0,313 313	0,279 417	0,249 259
48	0,489 362	0,386 538	0,305 671	0,271 939	0,241 999
49	0,482 130	0,378 958	0,298 216	0,264 661	0,234 950
50	0,475 005	0,371 528	0,290 942	0,257 577	0,228 107

Valeur actuelle d'un capital de un franc payable dans *n* périodes.

n	3,25	3,50	3,75	4	4,25
1	0,968 523	0,966 184	0,963 855	0,961 538	0,959 233
2	0,938 037	0,933 511	0,929 017	0,924 556	0,920 127
3	0,908 510	0,901 943	0,895 438	0,888 996	0,882 616
4	0,879 913	0,871 442	0,863 073	0,854 804	0,846 634
5	0,852 216	0,841 973	0,831 878	0,821 927	0,812 119
6	0,825 391	0,813 501	[illegible] 810	0,790 315	0,779 011
7	0,799 410	0,785 991	0,772 829	0,759 918	0,747 253
8	0,774 247	0,759 412	0,744 895	0,730 690	0,716 789
9	0,749 876	0,733 731	0,717 971	0,702 587	0,687 568
10	0,726 272	0,708 919	0,692 020	0,675 564	0,659 537
11	0,703 411	0,684 946	0,667 008	0,649 581	0,632 650
12	0,681 270	0,661 783	0,642 899	0,624 597	0,606 858
13	0,659 826	0,639 404	0,619 662	0,600 574	0,582 118
14	0,639 056	0,617 782	0,597 264	0,577 475	0,558 387
15	0,618 941	0,596 891	0,575 676	0,555 264	0,535 623
16	0,599 458	0,576 706	0,554 869	0,533 908	0,513 787
17	0,580 589	0,557 204	0,534 813	0,513 373	0,492 841
18	0,562 314	0,538 361	0,515 483	0,493 628	0,472 749
19	0,544 614	0,520 156	0,496 851	0,474 642	0,453 477
20	0,527 471	0,502 566	0,478 892	0,456 387	0,434 989
21	0,510 868	0,485 571	0,461 583	0,438 834	0,417 256
22	0,494 787	0,469 151	0,444 899	0,421 955	0,400 246
23	0,479 213	0,453 286	0,428 819	0,405 726	0,383 929
24	0,464 129	0,437 957	0,413 319	0,390 121	0,368 277
25	0,449 519	0,423 147	0,398 380	0,375 117	0,353 263
26	0,435 370	0,408 838	0,383 981	0,360 689	0,338 862
27	0,421 666	0,395 012	0,370 102	0,346 817	0,325 047
28	0,408 393	0,381 654	0,356 725	0,333 477	0,311 796
29	0,395 538	0,368 748	0,343 831	0,320 651	0,299 085
30	0,383 088	0,356 278	0,331 403	0,308 319	0,286 892
31	0,371 029	0,344 230	0,319 424	0,296 460	0,275 196
32	0,359 350	0,332 590	0,307 879	0,285 058	0,263 977
33	0,348 039	0,321 343	0,296 751	0,274 094	0,253 215
34	0,337 083	0,310 476	0,286 025	0,263 552	0,242 892
35	0,326 473	0,299 977	0,275 687	0,253 415	0,232 990
36	0,316 197	0,289 833	0,265 722	0,243 669	0,223 492
37	0,306 244	0,280 032	0,256 118	0,234 297	0,214 381
38	0,296 604	0,270 562	0,246 860	0,225 285	0,205 641
39	0,287 268	0,261 413	0,237 938	0,216 621	0,197 257
40	0,278 225	0,252 572	0,229 337	0,208 289	0,189 216
41	0,269 468	0,244 031	0,221 048	0,200 278	0,181 502
42	0,260 986	0,235 779	0,213 058	0,192 575	0,174 103
43	0,252 771	0,227 806	0,205 357	0,185 168	0,167 005
44	0,244 814	0,220 102	0,197 935	0,178 046	0,160 197
45	0,237 108	0,212 659	0,190 781	0,171 198	0,153 666
46	0,229 645	0,205 468	0,183 885	0,164 614	0,147 401
47	0,222 416	0,198 520	0,177 238	0,158 283	0,141 392
48	0,215 415	0,191 806	0,170 832	0,152 195	0,135 628
49	0,208 634	0,185 320	0,164 658	0,146 341	0,130 099
50	0,202 067	0,179 053	0,158 706	0,140 713	0,124 795

Table 2 $C = (1 + t)^{-n}$

n	4,50	4,75	5	5,25	5,50
1	0,956 938	0,954 654	0,952 381	0,950 119	0,947 867
2	0,915 730	0,911 364	0,907 029	0,902 726	0,898 452
3	0,876 297	0,870 037	0,863 838	0,857 697	0,851 614
4	0,838 561	0,830 584	0,822 702	0,814 914	0,807 217
5	0,802 451	0,792 921	0,783 526	0,774 265	0,765 134
6	0,767 896	0,756 965	0,746 215	0,735 643	0,725 246
7	0,734 828	0,722 640	0,710 681	0,698 949	0,687 437
8	0,703 185	0,689 871	0,676 839	0,664 084	0,651 599
9	0,672 904	0,658 588	0,644 609	0,630 959	0,617 629
10	0,643 928	0,628 723	0,613 913	0,599 486	0,585 430
11	0,616 199	0,600 213	0,584 679	0,569 583	0,554 910
12	0,589 664	0,572 996	0,556 837	0,541 171	0,525 982
13	0,564 272	0,547 013	0,530 321	0,514 177	0,498 561
14	0,539 973	0,522 208	0,505 068	0,488 529	0,472 569
15	0,516 720	0,498 528	0,481 017	0,464 161	0,447 933
16	0,494 469	0,475 922	0,458 112	0,441 008	0,424 581
17	0,473 176	0,454 340	0,436 297	0,419 010	0,402 447
18	0,452 800	0,433 738	0,415 521	0,398 109	0,381 466
19	0,433 302	0,414 070	0,395 734	0,378 251	0,361 579
20	0,414 643	0,395 293	0,376 889	0,359 383	0,342 729
21	0,396 787	0,377 368	0,358 942	0,341 457	0,324 862
22	0,379 701	0,360 256	0,341 850	0,324 425	0,307 926
23	0,363 350	0,343 920	0,325 571	0,308 242	0,291 873
24	0,347 703	0,328 324	0,310 068	0,292 866	0,276 657
25	0,332 731	0,313 436	0,295 303	0,278 258	0,262 234
26	0,318 402	0,299 223	0,281 241	0,264 378	0,248 563
27	0,304 691	0,285 654	0,267 848	0,251 190	0,235 605
28	0,291 571	0,272 701	0,255 094	0,238 661	0,223 322
29	0,279 015	0,260 335	0,242 946	0,226 756	0,211 679
30	0,267 000	0,248 530	0,231 377	0,215 445	0,200 644
31	0,255 502	0,237 260	0,220 359	0,204 699	0,190 184
32	0,244 500	0,226 501	0,209 866	0,194 488	0,180 269
33	0,233 971	0,216 230	0,199 873	0,184 787	0,170 871
34	0,223 896	0,206 425	0,190 355	0,175 569	0,161 963
35	0,214 254	0,197 065	0,181 290	0,166 812	0,153 520
36	0,205 028	0,188 129	0,172 657	0,158 491	0,145 516
37	0,196 199	0,179 598	0,164 436	0,150 585	0,137 930
38	0,187 750	0,171 454	0,156 605	0,143 074	0,130 739
39	0,179 665	0,163 680	0,149 148	0,135 937	0,123 924
40	0,171 929	0,156 257	0,142 046	0,129 156	0,117 463
41	0,164 525	0,149 171	0,135 282	0,122 714	0,111 339
42	0,157 440	0,142 407	0,128 840	0,116 593	0,105 535
43	0,150 661	0,135 949	0,122 704	0,110 777	0,100 033
44	0,144 173	0,129 784	0,116 861	0,105 251	0,094 818
45	0,137 964	0,123 899	0,111 297	0,100 001	0,089 875
46	0,132 023	0,118 281	0,105 997	0,095 013	0,085 190
47	0,126 338	0,112 917	0,100 949	0,090 274	0,080 748
48	0,120 898	0,107 797	0,096 142	0,085 771	0,076 539
49	0,115 692	0,102 909	0,091 564	0,081 492	0,072 549
50	0,110 710	0,098 242	0,087 204	0,077 427	0,068 767

Valeur actuelle d'un capital de un franc payable dans *n* périodes.

n	5,75	6	6,25	6,50	6,75
1	0,945 626	0,943 396	0,941 176	0,938 967	0,936 768
2	0,894 209	0,889 996	0,885 813	0,881 659	0,877 535
3	0,845 588	0,839 619	0,833 706	0,827 849	0,822 046
4	0,799 611	0,792 094	0,784 665	0,777 323	0,770 067
5	0,756 133	0,747 258	0,738 508	0,729 880	0,721 374
6	0,715 019	0,704 960	0,695 067	0,685 334	0,675 760
7	0,676 141	0,665 057	0,654 180	0,643 506	0,633 031
8	0,639 377	0,627 412	0,615 699	0,604 231	0,593 003
9	0,604 612	0,591 898	0,579 481	0,567 353	0,555 506
10	0,571 737	0,558 395	0,545 394	0,532 726	0,520 381
11	0,540 650	0,526 788	0,513 312	0,500 212	0,487 476
12	0,511 253	0,496 969	0,483 117	0,469 682	0,456 652
13	0,483 454	0,468 839	0,454 699	0,441 016	0,427 777
14	0,457 167	0,442 301	0,427 952	0,414 100	0,400 728
15	0,432 309	0,417 265	0,402 778	0,388 826	0,375 389
16	0,408 803	0,393 646	0,379 085	0,365 095	0,351 653
17	0,386 575	0,371 364	0,356 786	0,342 812	0,329 417
18	0,365 555	0,350 344	0,335 799	0,321 889	0,308 587
19	0,345 679	0,330 513	0,316 046	0,302 243	0,289 075
20	0,326 883	0,311 805	0,297 455	0,283 797	0,270 796
21	0,309 109	0,294 155	0,279 958	0,266 476	0,253 673
22	0,292 302	0,277 505	0,263 490	0,250 212	0,237 633
23	0,276 408	0,261 797	0,247 990	0,234 941	0,222 607
24	0,261 379	0,246 979	0,233 402	0,220 601	0,208 531
25	0,247 167	0,232 999	0,219 673	0,207 138	0,195 345
26	0,233 728	0,219 810	0,206 751	0,194 495	0,182 993
27	0,221 019	0,207 368	0,194 589	0,182 625	0,171 422
28	0,209 002	0,195 630	0,183 143	0,171 479	0,160 583
29	0,197 637	0,184 557	0,172 370	0,161 013	0,150 429
30	0,186 891	0,174 110	0,162 230	0,151 186	0,140 917
31	0,176 729	0,164 255	0,152 687	0,141 958	0,132 007
32	0,167 120	0,154 957	0,143 706	0,133 294	0,123 660
33	0,158 033	0,146 186	0,135 252	0,125 159	0,115 840
34	0,149 440	0,137 912	0,127 296	0,117 520	0,108 516
35	0,141 315	0,130 105	0,119 808	0,110 347	0,101 654
36	0,133 631	0,122 741	0,112 761	0,103 612	0,095 226
37	0,126 365	0,115 793	0,106 128	0,097 289	0,089 205
38	0,119 494	0,109 239	0,099 885	0,091 351	0,083 564
39	0,112 997	0,103 056	0,094 009	O,085 775	0,078 280
40	0,106 853	0,097 222	0,088 479	0,080 540	0,073 331
41	0,101 043	0,091 719	0,083 275	0,075 625	0,068 694
42	0,095 549	0,086 527	0,078 376	0,071 009	0,064 350
43	0,090 353	0,081 630	0,073 766	0,066 675	0,060 281
44	0,085 440	0,077 009	0,069 427	0,062 606	0,056 469
45	0,080 795	0,072 650	0,065 343	0,058 785	0,052 899
46	0,076 402	0,068 538	0,061 499	0,055 197	0,049 554
47	0,072 247	0,064 658	0,057 882	0,051 828	0,046 420
48	0,068 319	0,060 998	0,054 477	0,048 665	0,043 485
49	0,064 604	0,057 546	0,051 272	0,045 695	0,040 786
50	0,061 092	0,054 288	0,048 256	0,042 906	0,038 160

Table 2 $C = (1 + t)^{-n}$

n	7	7,25	7,50	7,75	8
1	0,934 579	0,932 401	0,930 233	0,928 074	0,925 926
2	0,873 439	0,869 371	0,865 333	0,861 322	0,857 339
3	0,816 298	0,810 603	0,804 961	0,799 371	0,793 832
4	0,762 895	0,755 807	0,748 801	0,741 875	0,735 030
5	0,712 986	0,704 715	0,696 559	0,688 515	0,680 583
6	0,666 342	0,657 077	0,647 962	0,638 993	0,630 170
7	0,622 750	0,612 659	0,602 755	0,593 033	0,583 490
8	0,582 009	0,571 244	0,560 702	0,550 379	0,540 269
9	0,543 934	0,532 628	0,521 583	0,510 792	0,500 249
10	0,508 349	0,496 623	0,485 194	0,474 053	0,463 193
11	0,475 093	0,463 052	0,451 343	0,439 957	0,428 883
12	0,444 012	0,431 750	0,419 854	0,408 312	0,397 114
13	0,414 964	0,402 564	0,390 562	0,378 944	0,367 698
14	0,387 817	0,375 351	0,363 313	0,351 688	0,340 461
15	0,362 446	0,349 978	0,337 966	0,326 393	0,315 242
16	0,338 735	0,326 320	0,314 387	0,302 917	0,291 890
17	0,316 574	0,304 261	0,292 453	0,281 130	0,270 269
18	0,295 864	0,283 693	0,272 049	0,260 909	0,250 249
19	0,276 508	0,264 516	0,253 069	0,242 143	0,231 712
20	0,258 419	0,246 635	0,235 413	0,224 727	0,214 548
21	0,241 513	0,229 962	0,218 989	0,208 563	0,198 656
22	0,225 713	0,214 417	0,203 711	0,193 562	0,183 941
23	0,210 947	0,199 923	0,189 498	0,179 640	0,170 315
24	0,197 146	0,186 408	0,176 277	0,166 719	0,157 699
25	0,184 249	0,173 807	0,163 979	0,154 728	0,146 018
26	0,172 195	0,162 058	0,152 539	0,143 599	0,135 202
27	0,160 930	0,151 103	0,141 896	0,133 270	0,125 187
28	0,150 402	0,140 889	0,131 997	0,123 685	0,115 914
29	0,140 563	0,131 365	0,122 788	0,114 789	0,107 328
30	0,131 367	0,122 484	0,114 221	0,106 532	0,099 377
31	0,122 773	0,114 205	0,106 252	0,098 870	0,092 016
32	0,114 741	0,106 484	0,098 839	0,091 759	0,085 200
33	0,107 235	0,099 286	0,091 943	0,085 159	0,078 889
34	0,100 219	0,092 575	0,085 529	0,079 034	0,073 045
35	0,093 663	0,086 317	0,079 562	0,073 349	0,067 635
36	0,087 535	0,080 482	0,074 011	0,068 073	0,062 625
37	0,081 809	0,075 041	0,068 847	0,063 177	0,057 986
38	0,076 457	0,069 969	0,064 044	0,058 633	0,053 690
39	0,071 455	0,065 239	0,059 576	0,054 416	0,049 713
40	0,066 780	0,060 829	0,055 419	0,050 502	0,046 031
41	0,062 412	0,056 717	0,051 553	0,046 870	0,042 621
42	0,058 329	0,052 883	0,047 956	0,043 499	0,039 464
43	0,054 513	0,049 308	0,044 610	0,040 370	0,036 541
44	0,050 946	0,045 975	0,041 498	0,037 466	0,033 834
45	0,047 613	0,042 867	0,038 603	0,034 771	0,031 328
46	0,044 499	0,039 969	0,035 910	0,032 270	0,029 007
47	0,041 587	0,037 267	0,033 404	0,029 949	0,026 859
48	0,038 867	0,034 748	0,031 074	0,027 795	0,024 869
49	0,036 324	0,032 399	0,028 906	0,025 796	0,023 027
50	0,033 948	0,030 209	0,026 889	0,023 941	0,021 321

Valeur actuelle d'un capital de un franc
payable dans *n* périodes.

n	8,25	8,50	8,75	9
1	0,923 788	0,921 659	0,919 540	0,917 431
2	0,853 383	0,849 455	0,845 554	0,841 680
3	0,788 345	0,782 908	0,777 521	0,772 183
4	0,728 263	0,721 574	0,714 962	0,708 425
5	0,672 760	0,665 045	0,657 436	0,649 931
6	0,621 488	0,612 945	0,604 539	0,596 267
7	0,574 123	0,564 926	0,555 898	0,547 034
8	0,530 367	0,520 669	0,511 171	0,501 866
9	0,489 947	0,479 880	0,470 042	0,460 428
10	0,452 607	0,442 285	0,432 222	0,422 411
11	0,418 112	0,407 636	0,397 446	0,387 533
12	0,386 247	0,375 702	0,365 468	0,355 535
13	0,356 810	0,346 269	0,336 062	0,326 179
14	0,329 617	0,319 142	0,309 023	0,299 246
15	0,304 496	0,294 140	0,284 159	0,274 538
16	0,281 290	0,271 097	0,261 295	0,251 870
17	0,259 852	0,249 859	0,240 272	0,231 073
18	0,240 048	0,230 285	0,220 939	0,211 994
19	0,221 753	0,212 244	0,203 163	0,194 490
20	0,204 853	0,195 616	0,186 816	0,178 431
21	0,189 240	0,180 292	0,171 785	0,163 698
22	0,174 818	0,166 167	0,157 963	0,150 182
23	0,161 495	0,153 150	0,145 254	0,137 781
24	0,149 187	0,141 152	0,133 567	0,126 405
25	0,137 817	0,130 094	0,122 820	0,115 968
26	0,127 314	0,119 902	0,112 938	0,106 392
27	0,117 611	0,110 509	0,103 851	0,097 608
28	0,108 647	0,101 851	0,095 495	0,089 548
29	0,100 367	0,093 872	0,087 811	0,082 155
30	0,092 718	0,086 518	0,080 746	0,075 371
31	0,085 651	0,079 740	0,074 249	0,069 148
32	0,079 124	0,073 493	0,068 275	0,063 438
33	0,073 094	0,067 736	0,062 782	0,058 200
34	0,067 523	0,062 429	0,057 730	0,053 395
35	0,062 377	0,057 539	0,053 085	0,048 986
36	0,057 623	0,053 031	0,048 814	0,044 941
37	0,053 231	0,048 876	0,044 887	0,041 231
38	0,049 174	0,045 047	0,041 275	0,037 826
39	0,045 427	0,041 518	0,037 954	0,034 703
40	0,041 965	0,038 266	0,034 900	0,031 838
41	0,038 766	0,035 268	0,032 092	0,029 209
42	0,035 812	0,032 505	0,029 510	0,026 797
43	0,033 083	0,029 959	0,027 136	0,024 584
44	0,030 561	0,027 612	0,024 952	0,022 555
45	0,028 232	0,025 448	0,022 945	0,020 692
46	0,026 081	0,023 455	0,021 099	0,018 984
47	0,024 093	0,021 617	0,019 401	0,017 416
48	0,022 257	0,019 924	0,017 840	0,015 978
49	0,020 560	0,018 363	0,016 405	0,014 659
50	0,018 993	0,016 924	0,015 085	0,013 449

Table 2 $C = (1 + t)^{-n}$

n	9,25	9,50	9,75	10
1	0,915 332	0,913 242	0,911 162	0,909 091
2	0,837 832	0,834 011	0,830 216	0,826 446
3	0,766 895	0,761 654	0,756 461	0,751 315
4	0,701 963	0,695 574	0,689 258	0,683 013
5	0,642 530	0,635 228	0,628 026	0,620 921
6	0,588 127	0,580 117	0,572 233	0,564 474
7	0,538 332	0,529 787	0,521 397	0,513 158
8	0,492 752	0,483 824	0,475 077	0,466 507
9	0,451 032	0,441 848	0,432 872	0,424 098
10	0,412 844	0,403 514	0,394 416	0,385 543
11	0,377 889	0,368 506	0,359 377	0,350 494
12	0,345 894	0,336 535	0,327 451	0,318 631
13	0,316 608	0,307 338	0,298 360	0,289 664
14	0,289 801	0,280 674	0,271 855	0,263 331
15	0,265 264	0,256 323	0,247 703	0,239 392
16	0,242 805	0,234 085	0,225 698	0,217 629
17	0,222 247	0,213 777	0,205 647	0,197 845
18	0,203 430	0,195 230	0,187 378	0,179 859
19	0,186 206	0,178 292	0,170 732	0,163 508
20	0,170 440	0,162 824	0,155 564	0,148 643
21	0,156 009	0,148 697	0,141 744	0,135 131
22	0,142 800	0,135 797	0,129 152	0,122 846
23	0,130 709	0,124 015	0,117 678	0,111 678
24	0,119 642	0,113 256	0,107 224	0,101 526
25	0,109 513	0,103 430	0,097 698	0,092 296
26	0,100 240	0,094 457	0,089 019	0,083 905
27	0,091 753	0,086 262	0,081 111	0,076 278
28	0,083 985	0,078 778	0,073 905	0,069 343
29	0,076 874	0,071 943	0,067 339	0,063 039
30	0,070 365	0,065 702	0,061 357	0,057 309
31	0,064 407	0,060 002	0,055 906	0,052 099
32	0,058 954	0,054 796	0,050 940	0,047 362
33	0,053 963	0,050 042	0,046 414	0,043 057
34	0,049 394	0,045 700	0,042 291	0,039 142
35	0,045 212	0,041 736	0,038 534	0,035 584
36	0,041 384	0,038 115	0,035 110	0,032 349
37	0,037 880	0,034 808	0,031 991	0,029 408
38	0,034 672	0,031 788	0,029 149	0,026 735
39	0,031 737	0,029 030	0,026 560	0,024 304
40	0,029 050	0,026 512	0,024 200	0,022 095
41	0,026 590	0,024 211	0,022 050	0,020 086
42	0,024 339	0,022 111	0,020 091	0,018 260
43	0,022 278	0,020 193	0,018 306	0,016 600
44	0,020 392	0,018 441	0,016 680	0,015 091
45	0,018 665	0,016 841	0,015 198	0,013 719
46	0,017 085	0,015 380	0,013 848	0,012 472
47	0,015 638	0,014 045	0,012 618	0,011 338
48	0,014 314	0,012 827	0,011 497	0,010 307
49	0,013 102	0,011 714	0,010 476	0,009 370
50	0,011 993	0,010 698	0,009 545	0,008 519

Valeur actuelle d'un capital de un franc payable dans *n* périodes.

n	10,25	10,50	10,75	11	11,25
1	0,907 029	0,904 977	0,902 935	0,900 901	0,898 876
2	0,822 702	0,818 984	0,815 291	0,811 622	0,807 979
3	0,746 215	0,741 162	0,736 154	0,731 191	0,726 273
4	0,676 839	0,670 735	0,664 699	0,658 731	0,652 830
5	0,613 913	0,607 000	0,600 180	0,593 451	0,586 813
6	0,556 837	0,549 321	0,541 923	0,534 641	0,527 473
7	0,505 068	0,497 123	0,489 321	0,481 658	0,474 133
8	0,458 112	0,449 885	0,441 825	0,433 926	0,426 187
9	0,415 521	0,407 136	0,398 939	0,390 925	0,383 089
10	0,376 889	0,368 449	0,360 216	0,352 184	0,344 350
11	0,341 850	0,333 438	0,325 251	0,317 283	0,309 528
12	0,310 068	0,301 754	0,293 681	0,285 841	0,278 227
13	0,281 241	0,273 080	0,265 174	0,257 514	0,250 092
14	0,255 094	0,247 132	0,239 435	0,231 995	0,224 802
15	0,231 377	0,223 648	0,216 194	0,209 004	0,202 070
16	0,209 866	0,202 397	0,195 209	0,188 292	0,181 635
17	0,190 355	0,183 164	0,176 261	0,169 633	0,163 267
18	0,172 657	0,165 760	0,159 152	0,152 822	0,146 757
19	0,156 605	0,150 009	0,143 704	0,137 678	0,131 917
20	0,142 046	0,135 755	0,129 755	0,124 034	0,118 577
21	0,128 840	0,122 855	0,117 161	0,111 742	0,106 586
22	0,116 861	0,111 181	0,105 788	0,100 669	0,095 808
23	0,105 997	0,100 616	0,095 520	0,090 693	0,086 119
24	0,096 142	0,091 055	0,086 248	0,081 705	0,077 410
25	0,087 204	0,082 403	0,077 877	0,073 608	0,069 582

n	11,50	11,75	12	12,25	12,50
1	0,896 861	0,894 855	0,892 857	0,890 869	0,888 889
2	0,804 360	0,800 765	0,797 194	0,793 647	0,790 123
3	0,721 399	0,716 568	0,711 780	0,707 035	0,702 332
4	0,646 994	0,641 224	0,635 518	0,629 875	0,624 295
5	0,580 264	0,573 802	0,567 427	0,561 136	0,554 929
6	0,520 416	0,513 470	0,506 631	0,499 899	0,493 270
7	0,466 741	0,459 481	0,452 349	0,445 344	0,438 462
8	0,418 602	0,411 168	0,403 883	0,396 743	0,389 744
9	0,375 428	0,367 936	0,360 610	0,353 446	0,346 439
10	0,336 706	0,329 249	0,321 973	0,314 874	0,307 946
11	0,301 979	0,294 630	0,287 476	0,280 511	0,273 730
12	0,270 833	0,263 651	0,256 675	0,249 899	0,243 315
13	0,242 900	0,235 929	0,229 174	0,222 627	0,216 280
14	0,217 847	0,211 123	0,204 620	0,198 331	0,192 249
15	0,195 379	0,188 924	0,182 696	0,176 687	0,170 888
16	0,175 227	0,169 059	0,163 122	0,157 405	0,151 901
17	0,157 155	0,151 284	0,145 644	0,140 227	0,135 023
18	0,140 946	0,135 377	0,130 040	0,124 924	0,120 020
19	0,126 409	0,121 143	0,116 107	0,111 291	0,106 685
20	0,113 371	0,108 405	0,103 667	0,099 145	0,094 831
21	0,101 678	0,097 007	0,092 560	0,088 326	0,084 294
22	0,091 191	0,086 807	0,082 643	0,078 687	0,074 928
23	0,081 786	0,077 680	0,073 788	0,070 099	0,066 027
24	0,073 351	0,069 512	0,065 882	0,062 449	0,059 202
25	0,065 785	0,062 203	0,058 823	0,055 634	0,052 624

Table 2 $C = (1 + t)^{-n}$

n	12,75	13	13,25	13,50	13,75
1	0,886 918	0,884 956	0,883 002	0,881 057	0,879 121
2	0,786 623	0,783 147	0,779 693	0,776 262	0,772 854
3	0,697 670	0,693 050	0,688 471	0,683 931	0,679 432
4	0,618 776	0,613 319	0,607 921	0,602 583	0,597 303
5	0,548 804	0,542 760	0,536 796	0,530 910	0,525 101
6	0,486 744	0,480 319	0,473 992	0,467 762	0,461 627
7	0,431 702	0,425 061	0,418 536	0,412 125	0,405 826
8	0,382 884	0,376 160	0,369 568	0,363 106	0,356 770
9	0,339 587	0,332 885	0,326 330	0,319 917	0,313 644
10	0,301 186	0,294 588	0,288 150	0,281 865	0,275 731
11	0,267 127	0,260 598	0,254 437	0,248 339	0,242 401
12	0,236 920	0,230 706	0,224 668	0,218 801	0,213 100
13	0,210 128	0,204 165	0,198 382	0,192 776	0,187 340
14	0,186 367	0,180 677	0,175 172	0,169 847	0,164 695
15	0,165 292	0,159 891	0,154 677	0,149 645	0,144 787
16	0,146 600	0,141 496	0,136 580	0,131 846	0,127 285
17	0,130 023	0,125 218	0,120 601	0,116 164	0,111 899
18	0,115 320	0,110 812	0,106 491	0,102 347	0,098 373
19	0,102 279	0,098 064	0,094 032	0,090 173	0,086 482
20	0,090 713	0,086 782	0,083 030	0,079 448	0,076 028
21	0,080 455	0,076 798	0,073 316	0,069 998	0,066 838
22	0,071 357	0,067 963	0,064 738	0,061 672	0,058 758
23	0,063 288	0,060 144	0,057 164	0,054 337	0,051 656
24	0,056 131	0,053 225	0,050 476	0,047 874	0,045 412
25	0,049 784	0,047 102	0,044 570	0,042 180	0,039 922

n	14	14,25	14,50	14,75	15
1	0,877 193	0,875 274	0,873 362	0,871 460	0,869 565
2	0,769 468	0,766 104	0,762 762	0,759 442	0,756 144
3	0,674 972	0,670 550	0,666 168	0,661 823	0,657 516
4	0,592 080	0,586 915	0,581 806	0,576 752	0,571 753
5	0,519 369	0,513 711	0,508 127	0,502 616	0,497 177
6	0,455 587	0,449 638	0,443 779	0,438 010	0,432 328
7	0,399 637	0,393 556	0,387 580	0,381 708	0,375 937
8	0,350 560	0,344 469	0,338 498	0,332 643	0,326 902
9	0,307 508	0,301 505	0,295 631	0,289 885	0,284 262
10	0,269 744	0,263 899	0,258 193	0,252 623	0,247 185
11	0,236 617	0,230 984	0,225 496	0,220 151	0,214 943
12	0,207 559	0,202 174	0,196 401	0,191 853	0,186 907
13	0,182 069	0,176 958	0,172 000	0,167 192	0,162 528
14	0,159 710	0,154 886	0,150 218	0,145 701	0,141 329
15	0,140 096	0,135 567	0,131 195	0,126 973	0,122 894
16	0,122 892	0,118 659	0,114 581	0,110 651	0,106 865
17	0,107 800	0,103 859	0,100 071	0,096 428	0,092 926
18	0,094 561	0,090 905	0,087 398	0,084 033	0,080 805
19	0,082 948	0,079 567	0,076 330	0,073 232	0,070 265
20	0,072 761	0,069 643	0,066 664	0,063 818	0,061 100
21	0,063 826	0,060 956	0,058 222	0,055 615	0,053 131
22	0,055 988	0,053 354	0,050 849	0,048 466	0,046 201
23	0,049 112	0,046 699	0,044 409	0,042 237	0,040 174
24	0,043 081	0,040 874	0,038 785	0,036 807	0,034 934
25	0,037 790	0,035 776	0,033 874	0,032 076	0,030 378

Valeur actuelle d'un capital de un franc payable dans *n* périodes.

n	16	16,25	16,50	16,75	17
1	0,862 069	0,860 215	0,858 369	0,856 531	0,854 701
2	0,743 163	0,739 970	0,736 798	0,733 645	0,730 514
3	0,640 658	0,636 533	0,632 444	0,628 390	0,624 371
4	0,552 291	0,547 556	0,542 871	0,538 236	0,533 650
5	0,476 113	0,471 015	0,465 983	0,461 016	0,456 111
6	0,410 442	0,405 175	0,399 986	0,394 874	0,389 839
7	0,353 830	0,348 537	0,343 335	0,338 222	0,333 195
8	0,305 025	0,299 817	0,294 708	0,289 698	0,284 782
9	0,262 953	0,257 907	0,252 969	0,248 135	0,243 404
10	0,226 684	0,221 856	0,217 140	0,212 535	0,208 037

n	17,50	18	18,50	19	19,50
1	0,851 064	0,847 458	0,843 882	0,840 336	0,836 820
2	0,724 310	0,718 184	0,712 137	0,706 165	0,700 268
3	0,616 434	0,608 631	0,600 959	0,593 416	0,585 998
4	0,524 624	0 515 789	0,507 139	0,498 669	0,490 375
5	0,446 489	0 437 109	0,427 965	0,419 049	0,410 356
6	0,379 991	0,370 432	0,361 152	0,352 142	0,343 394
7	0,323 396	0,313 925	0,304 770	0,295 918	0,287 359
8	0,275 231	0,266 038	0,257 189	0,248 671	0,240 468
9	0,234 239	0,225 456	0,217 038	0,208 967	0,201 228
10	0,199 352	0,191 064	0,183 154	0,175 602	0,168 392

n	20	20,50	21	21,50	22
1	0,833 333	0,829 876	0,826 446	0,823 045	0,819 672
2	0,694 444	0,688 693	0,683 013	0,677 404	0,671 862
3	0,578 704	0,571 530	0,564 474	0,557 534	0,550 707
4	0,482 259	0,474 299	0,466 507	0,458 876	0,451 399
5	0,401 878	0,393 609	0,385 543	0,377 675	0,369 999
6	0,334 898	0,326 646	0,318 631	0,310 844	0 303 278
7	0,279 082	0,271 076	0,263 331	0,255 839	0,248 589
8	0,232 568	0,224 959	0,217 629	0,210 567	0,203 761
9	0,193 807	0,186 688	0,179 859	0,173 306	0,167 017
10	0,161 506	0,154 928	0,148 644	0,142 639	0,136 899

n	22,50	23	23,50	24	25
1	0,816 327	0,813 008	0,809 717	0,806 452	0,800 000
2	0,666 389	0,660 982	0,655 641	0,650 364	0,640 000
3	0,543 991	0,537 384	0,530 883	0,524 487	0,512 000
4	0,444 074	0,436 897	0,429 865	0,422 974	0,409 600
5	0,362 510	0,355 201	0,348 069	0,341 108	0,327 680
6	0,295 926	0,288 781	0,281 837	0,275 087	0,262 144
7	0,241 572	0,234 782	0,228 208	0,221 844	0,209 715
8	0,197 202	0,190 879	0,184 784	0,178 907	0,167 772
9	0,160 981	0,155 187	0,149 623	0,144 280	0,134 218
10	0,131 413	0,126 168	0,121 152	0,116 354	0,107 374

Table 3 $C = \frac{(1 + t)^n - 1}{t}$

n	1,50	2	2,25	2,50	2,75
1	1,000 000	1,000 000	1,000 000	1,000 000	1,000 000
2	2,015 000	2,020 000	2,022 500	2,025 000	2,027 500
3	3,045 225	3,060 400	3,068 006	3,075 625	3,083 256
4	4,090 903	4,121 608	4,137 036	4,152 516	4,168 045
5	5,152 267	5,204 040	5,230 119	5,256 328	5,282 667
6	6,229 551	6,308 121	6,347 797	6,387 737	6,427 940
7	7,322 994	7,434 283	7,490 622	7,547 430	7,604 708
8	8,432 839	8,582 969	8,659 162	8,736 116	8,813 838
9	9,559 332	9,754 628	9,853 993	9,954 519	10,056 218
10	10,702 722	10,949 721	11,075 707	11,203 382	11,332 764
11	11,863 262	12,168 715	12,324 911	12,483 466	12,644 415
12	13,041 211	13,412 090	13,602 221	13,795 553	13,992 137
13	14,236 830	14,680 331	14,908 271	15,140 442	15,376 921
14	15,450 382	15,973 938	16,243 707	16,518 953	16,799 786
15	16,682 138	17,293 417	17,609 191	17,931 927	18,261 780
16	17,932 370	18,639 285	19,005 398	19,380 225	19,763 979
17	19,201 355	20,012 071	20,433 019	20,864 730	21,307 488
18	20,489 376	21,412 312	21,892 762	22,386 349	22,893 444
19	21,796 716	22,840 559	23,385 349	23,946 007	24,523 014
20	23,123 667	24,297 370	24,911 520	25,544 658	26,197 397
21	24,470 522	25,783 317	26,472 029	27,183 274	27,917 825
22	25,837 580	27,298 983	28,067 649	28,862 856	29,685 566
23	27,225 144	28,844 963	29,699 172	30,584 427	31,501 919
24	28,633 521	30,421 862	31,367 403	32,349 038	33,368 222
25	30,063 024	32,030 300	33,073 169	34,157 764	35,285 848
26	31,513 969	33,670 906	34,817 316	36,011 708	37,256 208
27	32,986 678	35,344 324	36,600 705	37,912 001	39,280 754
28	34,481 479	37,051 210	38,424 221	39,859 801	41,360 975
29	35,998 701	38,792 234	40,288 766	41,856 296	43,498 402
30	37,538 681	40,568 079	42,195 264	43,902 703	45,694 608
31	39,101 761	42,379 440	44,144 657	46,000 270	47,951 210
32	40,688 288	44,227 029	46,137 912	48,150 277	50,269 868
33	42,298 612	46,111 570	48,176 015	50,354 034	52,652 289
34	43,933 091	48,033 801	50,259 975	52,612 885	55,100 227
35	45,592 088	49,994 477	52,390 825	54,928 207	57,615 483
36	47,275 969	51,994 367	54,569 618	57,301 412	60,199 909
37	48,985 108	54,034 254	56,797 435	59,733 948	62,855 407
38	50,719 885	56,114 939	59,075 377	62,227 296	65,583 930
39	52,480 683	58,237 238	61,404 573	64,782 979	68,387 489
40	54,267 894	60,401 983	63,786 176	67,402 553	71,268 145
41	56,081 912	62,610 022	66,221 365	70,087 617	74,228 019
42	57,923 141	64,862 223	68,711 345	72,839 807	77,269 289
43	59,791 988	67,159 467	71,257 351	75,660 803	80,394 195
44	61,688 868	69,502 657	73,860 641	78,552 323	83,605 035
45	63,614 200	71,892 710	76,522 506	81,516 131	86,904 173
46	65,568 414	74,330 564	79,244 262	84,554 034	90,294 038
47	67,551 940	76,817 175	82,027 258	87,667 885	93,777 124
48	69,565 219	79,353 519	84,872 871	90,859 582	97,355 995
49	71,608 697	81,940 589	87,782 511	94,131 072	101,033 285
50	73,682 828	84,579 401	90,757 617	97,484 348	104,811 700

Valeur acquise, après *n* périodes, par une suite d'annuités de un franc placées à la fin de chaque période.

3

n	3	3,25	3,50	3,75	4
1	1,000 000	1,000 000	1,000 000	1,000 000	1,000 000
2	2,030 000	2,032 500	2,035 000	2,037 500	2,040 000
3	3,090 900	3,098 556	3,106 225	3,113 906	3,121 600
4	4,183 627	4,199 259	4,214 943	4,230 678	4,246 464
5	5,309 136	5,335 735	5,362 466	5,389 328	5,416 323
6	6,468 410	6,509 147	6,550 152	6,591 428	6,632 975
7	7,662 462	7,720 694	7,779 407	7,838 607	7,898 294
8	8,892 336	8,971 616	9,051 687	9,132 554	9,214 226
9	10,159 106	10,263 194	10,368 496	10,475 025	10,582 795
10	11,463 879	11,596 748	11,731 393	11,867 838	12,006 107
11	12,807 796	12,973 642	13,141 992	13,312 882	13,486 351
12	14,192 030	14,395 285	14,601 962	14,812 116	15,025 805
13	15,617 790	15,863 132	16,113 030	16,367 570	16,626 838
14	17,086 324	17,378 684	17,676 986	17,981 354	18,291 911
15	18,598 914	18,943 491	19,295 681	19,655 654	20,023 588
16	20,156 881	20,559 155	20,971 030	21,392 742	21,824 531
17	21,761 588	22,227 327	22,705 016	23,194 969	23,697 512
18	23,414 435	23,949 715	24,499 691	25,064 781	25,645 413
19	25,116 868	25,728 081	26,357 180	27,004 710	27,671 229
20	26,870 374	27,564 244	28,279 682	29,017 387	29,778 079
21	28,676 486	29,460 082	30,269 471	31,105 539	31,969 202
22	30,536 780	31,417 534	32,328 902	33,271 996	34,247 970
23	32,452 884	33,438 604	34,460 414	35,519 696	36,617 889
24	34,426 470	35,525 359	36,666 528	37,851 685	39,082 604
25	36,459 264	37,679 933	38,949 857	40,271 123	41,645 908
26	38,553 042	39,904 531	41,313 102	42,781 290	44,311 745
27	40,709 633	42,201 428	43,759 060	45,385 588	47,084 214
28	42,930 923	44,572 975	46,290 627	48,087 548	49,967 583
29	45,218 850	47,021 596	48,910 799	50,890 831	52,955 286
30	47,575 416	49,549 798	51,622 677	53,799 237	56,084 938
31	50,002 678	52,160 166	54,429 470	56,816 708	59,328 335
32	52,502 758	54,858 371	57,334 502	59,947 335	62,701 469
33	55,077 841	57,638 171	60,341 210	63,195 360	66,209 527
34	57,730 176	60,511 412	63,453 152	66,565 186	69,857 909
35	60,462 081	63,478 033	66,674 012	70,061 380	73,652 225
36	63,275 944	66,541 069	70,007 603	73,688 682	77,598 314
37	66,174 222	69,703 653	73,457 869	77,452 008	81,702 246
38	69,159 449	72,969 022	77,028 895	81,356 458	85,970 336
39	72,234 232	76,340 515	80,724 906	85,407 325	90,409 150
40	75,401 259	79,821 582	84,550 277	89,610 100	95,025 516
41	78,663 297	83,415 784	88,509 537	93,970 479	99,826 536
42	82,023 196	87,126 797	92,607 371	98,494 371	104,819 598
43	85,483 892	90,958 417	96,848 629	103,187 910	110,012 382
44	89,048 409	94,914 566	101,238 331	108,057 457	115,412 877
45	92,719 861	98,999 289	105,781 672	113,109 612	121,029 392
46	96,501 457	103,216 766	110,484 031	118,351 222	126,870 568
47	100,396 500	107,571 311	115,350 972	123,789 393	132,945 390
48	104,408 396	112,067 379	120,388 256	129,431 495	139,263 206
49	108,540 647	116,709 569	125,601 845	135,285 176	145,833 734
50	112,796 867	121,502 630	130,997 910	141,358 371	152,667 084

Table 3 $C = \frac{(1+t)^n - 1}{t}$

n	4,25	4,50	4,75	5	5,25
1	1,000 000	1,000 000	1,000 000	1,000 000	1,000 000
2	2,042 500	2,045 000	2,047 500	2,050 000	2,052 500
3	3,129 306	3,137 025	3,144 756	3,152 500	3,160 256
4	4,262 301	4,278 191	4,294 132	4,310 125	4,326 169
5	5,443 449	5,470 710	5,498 103	5,525 631	5,553 293
6	6,674 796	6,716 892	6,759 263	6,801 913	6,844 841
7	7,958 475	8,019 152	8,080 328	8,142 008	8,204 196
8	9,296 710	9,380 014	9,464 143	9,549 109	9,634 916
9	10,691 820	10,802 114	10,913 690	11,026 564	11,140 749
10	12,146 222	12,288 209	12,432 091	12,577 893	12,725 638
11	13,662 437	13,841 179	14,022 615	14,206 787	14,393 734
12	15,243 090	15,464 032	15,688 689	15,917 127	16,149 405
13	16,890 922	17,159 913	17,433 902	17,712 983	17,997 249
14	18,608 786	18,932 110	19,262 013	19,598 632	19,942 104
15	20,399 659	20,784 054	21,176 958	21,578 564	21,989 065
16	22,266 645	22,719 337	23,182 864	23,657 492	24,143 491
17	24,212 977	24,741 707	25,284 050	25,840 367	26,411 024
18	26,242 029	26,855 084	27,485 042	28,132 385	28,797 603
19	28,357 315	29,063 562	29,790 582	30,539 004	31,309 477
20	30,562 501	31,371 423	32,205 634	33,065 954	33,953 225
21	32,861 407	33,783 137	34,735 402	35,719 252	36,735 769
22	35,258 017	36,303 378	37,385 334	38,505 214	39,664 397
23	37,756 483	38,937 030	40,161 137	41,430 475	42,746 778
24	40,361 133	41,689 196	43,068 791	44,501 999	45,990 984
25	43,076 482	44,565 210	46,114 558	47,727 099	49,405 510
26	45,907 232	47,570 645	49,305 000	51,113 454	52,999 300
27	48,858 289	50,711 324	52,646 988	54,669 126	56,781 763
28	51,934 767	53,993 333	56,147 719	58,402 583	60,762 805
29	55,141 994	57,423 033	59,814 736	62,322 712	64,952 853
30	58,485 529	61,007 070	63,655 936	66,438 848	69,362 877
31	61,971 164	64,752 388	67,679 593	70,760 790	74,004 429
32	65,604 939	68,666 245	71,894 374	75,298 829	78,889 661
33	69,393 149	72,756 226	76,309 356	80,063 771	84,031 368
34	73,342 357	77,030 256	80,934 051	85,066 959	89,443 015
35	77,459 408	81,496 618	85,778 418	90,320 307	95,138 773
36	81,751 433	86,163 966	90,852 893	95,836 323	101,133 559
37	86,225 868	91,041 344	96,168 406	101,628 139	107,443 071
38	90,890 468	96,138 205	101,736 405	107,709 546	114,083 832
39	95,753 313	101,464 424	107,568 884	114,095 023	121,073 233
40	100,822 829	107,030 323	113,678 406	120,799 774	128,429 578
41	106,107 799	112,846 688	120,078 131	127,839 763	136,172 131
42	111,617 380	118,924 789	126,781 842	135,231 751	144,321 168
43	117,361 119	125,276 404	133,803 979	142,993 339	152,898 029
44	123,348 967	131,913 842	141,159 668	151,143 006	161,925 176
45	129,591 298	138,849 965	148,864 752	159,700 156	171,426 248
46	136,098 928	146,098 214	156,935 828	168,685 164	181,426 126
47	142,883 132	153,672 633	165,390 280	178,119 422	191,950 997
48	149,955 665	161,587 902	174,246 318	188,025 393	203,028 425
49	157,328 781	169,859 357	183,523 018	198,426 663	214,687 417
50	165,015 254	178,503 028	193,240 362	209,347 996	226,958 506

Valeur acquise, après *n* périodes, par une suite d'annuités de un franc placées à la fin de chaque période.

3

n	5,50	5,75	6	6,25	6,50
1	1,000 000	1,000 000	1,000 000	1,000 000	1 000 000
2	2,055 000	2,057 500	2,060 000	2,062 500	2,065 000
3	3,168 025	3,175 806	3,183 600	3,191 406	3,199 225
4	4,342 266	4,358 415	4,374 616	4,390 869	4,407 175
5	5,581 091	5,609 023	5,637 093	5,665 298	5,693 641
6	6,888 051	6,931 542	6,975 319	7,019 379	7,063 728
7	8,266 894	8,330 106	8,393 838	8,458 090	8,522 870
8	9,721 573	9,809 087	9,897 468	9,986 721	10,076 856
9	11,256 260	11,373 110	11,491 316	11,610 891	11,731 852
10	12,875 354	13,027 064	13,180 795	13,336 572	13,494 423
11	14,583 498	14,776 120	14,971 643	15,170 108	15,371 560
12	16,385 591	16,625 747	16,869 941	17,118 239	17,370 711
13	18,286 798	18,581 727	18,882 138	19,188 129	19,499 808
14	20,292 572	20,650 176	21,015 066	21,387 387	21,767 295
15	22,408 663	22,837 562	23,275 970	23,724 099	24,182 169
16	24,641 140	25,150 721	25,672 528	26,206 856	26,754 010
17	26,996 403	27,596 888	28,212 880	28,844 784	29,493 021
18	29,481 205	30,183 709	30,905 653	31,647 583	32,410 067
19	32,102 671	32,919 273	33,759 992	34,625 557	35,516 722
20	34,868 318	35,812 131	36,785 591	37,789 655	38,825 309
21	37,786 076	38,871 328	39,992 727	41,151 508	42,348 954
22	40,864 310	42,106 430	43,392 290	44,723 477	46,101 636
23	44,111 847	45,527 549	46,995 828	48,518 694	50,098 242
24	47,537 998	49,145 384	50,815 578	52,551 113	54,354 628
25	51,152 588	52,971 243	54,864 512	56,835 558	58,887 679
26	54,965 981	57,017 089	59,156 383	61,387 780	63,715 378
27	58,989 109	61,295 572	63,705 766	66,224 516	68,856 877
28	63,233 510	65,820 068	68,528 112	71,363 549	74,332 574
29	67,711 354	70,604 722	73,639 798	76,823 770	80,164 192
30	72,435 478	75,664 493	79,058 186	82,625 256	86,374 864
31	77,419 429	81,015 201	84,801 677	88,789 335	92,989 230
32	82,677 498	86,673 576	90,889 778	95,338 668	100,033 530
33	88,224 760	92,657 306	97,343 165	102,297 335	107,535 709
34	94,077 122	98,985 101	104,183 755	109,690 918	115,525 530
35	100,251 364	105,667 745	111,434 780	117,546 600	124,034 690
36	106,765 189	112,753 158	119,120 867	125,893 263	133,096 945
37	113,637 274	120,236 464	127,268 119	134,761 592	142,748 246
38	120,887 324	128,150 061	135,904 206	144,184 192	153,026 882
39	128,536 127	136,518 689	145,058 458	154,195 703	163,973 629
40	136,605 614	145,368 514	154,761 966	164,832 935	175,631 916
41	145,118 923	154,727 203	165,047 684	176,134 993	188,047 990
42	154,100 464	164,624 018	175,950 545	188,143 430	201,271 110
43	163,575 989	175,089 899	187,507 577	200,902 395	215,353 732
44	173,572 669	186,157 568	199,758 032	214,458 795	230,351 724
45	184,119 165	197,861 628	212,743 514	228,862 469	246,324 586
46	195,245 719	210,238 672	226,508 125	244,166 374	263,335 685
47	206,984 234	223,327 396	241,098 612	260,426 772	281,452 504
48	219,368 367	237,168 721	256,564 529	277,703 445	300,746 917
49	232,433 627	251,805 922	272,958 401	296,059 911	321,295 466
50	246,217 476	267,284 763	290,335 905	315,563 655	343,179 672

Table 3 $C = \frac{(1+t)^n - 1}{t}$

n	6,75	7	7,25	7,50	8
1	1,000 000	1,000 000	1,000 000	1,000 000	1,000 000
2	2,067 500	2,070 000	2,072 500	2,075 000	2,080 000
3	3,207 056	3,214 900	3,222 756	3,230 625	3,246 400
4	4,423 532	4,439 943	4,456 406	4,472 922	4,506 112
5	5,722 120	5,750 739	5,779 495	5,808 391	5,866 601
6	7,108 364	7,153 291	7,198 508	7,244 020	7,335 929
7	8,588 178	8,654 021	8,720 400	8,787 321	8,922 803
8	10,167 880	10,259 803	10,352 630	10,446 371	10,636 628
9	11,854 212	11,977 989	12,103 195	12,229 849	12,487 558
10	13,654 372	13,816 448	13,980 677	14,147 087	14,486 562
11	15,576 042	15,783 599	15,994 276	16,208 119	16,645 487
12	17,627 425	17,888 451	18,153 861	18,423 728	18,977 126
13	19,817 276	20,140 643	20,470 016	20,805 508	21,495 297
14	22,154 942	22,550 488	22,954 092	23,365 921	24,214 920
15	24,650 401	25,129 022	25,618 264	26,118 365	27,152 114
16	27,314 303	27,888 054	28,475 588	29,077 242	30,324 283
17	30,158 018	30,840 217	31,540 068	32,258 035	33,750 226
18	33,193 684	33,999 033	34,826 723	35,677 388	37,450 244
19	36,434 258	37,378 965	38,351 661	39,353 192	41,446 263
20	39,893 551	40,995 492	42,132 156	43,304 681	45,761 964
21	43,586 387	44,865 177	46,186 737	47,552 532	50,422 921
22	47,528 468	49,005 739	50,535 276	52,118 972	55,456 755
23	51,736 639	53,436 141	55,199 084	57,027 895	60,893 296
24	56,228 863	58,176 671	60,201 017	62,304 987	66,764 759
25	61,024 311	63,249 038	65,565 591	67,977 861	73,105 940
26	66,143 452	68,676 470	71,319 096	74,076 201	79,954 415
27	71,608 135	74,483 823	77,489 730	80,631 916	87,350 768
28	77,441 684	80,697 691	84,107 736	87,679 310	95,938 330
29	83,668 998	87,346 529	91,205 547	95,255 258	103,965 936
30	90,316 655	94,460 786	98,817 949	103,399 403	113,283 211
31	97,413 029	102,073 041	106,982 250	112,154 358	123,345 868
32	104,988 409	110,218 154	115,738 463	121,565 934	134,213 537
33	113,075 127	118,933 425	125,129 502	131,683 379	145,950 620
34	121,707 698	128,258 765	135,201 391	142,559 633	158,626 670
35	130,922 967	138,236 878	146,003 492	154,251 605	172,316 803
36	140,760 268	148,913 460	157,588 745	166,820 476	187,102 147
37	151,261 586	160,337 402	170,013 929	180,332 011	203,070 320
38	162,471 743	172,561 020	183,339 939	194,856 912	220,315 945
39	174,438 585	185,640 291	197,632 085	210,471 181	238,941 221
40	187,213 190	199,635 111	212,960 411	227,256 519	259,056 518
41	200,850 080	214,609 570	229,400 041	245,300 758	280,781 040
42	215,407 461	230,632 239	247,031 544	264,698 315	304,243 523
43	230,947 464	247,776 496	265,941 331	285,550 689	329,583 005
44	247,536 418	266,120 851	286,222 078	307,966 991	356,949 645
45	265,245 126	285,749 310	307,973 178	332,064 515	386,505 617
46	284,149 172	306,751 762	331,301 233	357,969 354	418,426 066
47	304,329 241	329,224 386	356,320 573	385,817 055	452,900 152
48	325,871 465	353,270 093	383,153 815	415,753 334	490,132 164
49	348,867 789	378,998 999	411,932 466	447,934 834	530,342 737
50	373,416 365	406,528 929	442,797 570	482,529 947	573,770 156

Valeur acquise, après *n* périodes, par une suite d'annuités de un franc placées à la fin de chaque période.

n	8,25	8,50	8,75	9
1	1,000 000	1,000 000	1,000 000	1,000 000
2	2,082 500	2,085 000	2,087 500	2,090 000
3	3,254 306	3,262 225	3,270 156	3,278 100
4	4,522 786	4,539 514	4,556 295	4,573 130
5	5,895 916	5,925 373	5,954 971	5,984 711
6	7,382 329	7,429 029	7,476 031	7,523 334
7	8,991 371	9,060 497	9,130 183	9,200 434
8	10,733 159	10,830 639	10,929 074	11,028 473
9	12,618 645	12,751 243	12,885 368	13,021 036
10	14,659 683	14,835 099	15,012 838	15,192 929
11	16,869 107	17,096 082	17,326 461	17,560 293
12	19,260 808	19,549 249	19,842 526	20,140 719
13	21,849 825	22,210 935	22,578 747	22,953 384
14	24,652 435	25,098 864	25,554 387	26,019 188
15	27,686 261	28,232 268	28,790 396	29,360 915
16	30,970 377	31,632 010	32,309 556	33,003 397
17	34,525 434	35,320 731	36,136 642	36,973 703
18	38,373 782	39,322 993	40,298 598	41,301 336
19	42,539 619	43,665 448	44,824 725	46,018 457
20	47,049 137	48,377 011	49,746 889	51,160 118
21	51,930 691	53,489 057	55,099 741	56,764 528
22	57,214 973	59,035 626	60,920 969	62,873 336
23	62,935 208	65,053 655	67,251 553	69,531 936
24	69,127 363	71,583 215	74,136 064	76,789 810
25	75,830 370	78,667 789	81,622 970	84,700 893
26	83,086 376	86,354 551	89,764 980	93,323 973
27	90,941 002	94,694 687	98,619 415	102,723 130
28	99,443 634	103,743 736	108,248 614	112,968 212
29	108,647 734	113,561 953	118,720 368	124,135 351
30	118,611 172	124,214 719	130,108 400	136,307 532
31	129,396 594	135,772 970	142,492 885	149,575 210
32	141,071 813	148,313 673	155,961 012	164,036 979
33	153,710 237	161,920 335	170,607 601	179,800 307
34	167,391 332	176,683 563	186,535 766	196,982 335
35	182,201 117	192,701 666	203,857 645	215,710 745
36	198,232 709	210,081 307	222,695 189	236,124 712
37	215,586 907	228,938 218	243,181 018	258,375 936
38	234,372 827	249,397 967	265,459 357	282,629 770
39	254,708 585	271,596 794	289,687 051	309,066 449
40	276,722 043	295,682 522	316,034 668	337,882 430
41	300,551 612	321,815 536	344,687 701	369,291 849
42	326,347 120	350,169 856	375,847 875	403,528 115
43	354,270 757	380,934 294	409,734 564	440,845 645
44	384,498 095	414,313 709	446,586 339	481,521 753
45	417,219 187	450,530 374	486,662 643	525,858 711
46	452,639 770	489,825 456	530,245 624	574,185 995
47	490,982 551	532,460 620	577,642 116	626,862 734
48	532,488 612	578,719 772	629,185 802	684,280 380
49	577,418 922	628,910 953	685,239 559	746,865 615
50	626,055 983	683,368 384	746,198 021	815,083 520

Table 3 $C = \frac{(1+t)^n - 1}{t}$

n	9,25	9,50	9,75	10
1	1,000 000	1,000 000	1,000 000	1,000 000
2	2,092 500	2,095 000	2,097 500	2,100 000
3	3,286 056	3,294 025	3,302 006	3,310 000
4	4,590 016	4,606 957	4,623 952	4,641 000
5	6,014 593	6,044 618	6,074 787	6,105 100
6	7,570 942	7,618 857	7,667 079	7,715 610
7	9,271 255	9,342 648	9,414 619	9,487 171
8	11,128 846	11,230 200	11,332 544	11,435 888
9	13,158 264	13,297 069	13,437 467	13,579 477
10	15,375 403	15,560 290	15,747 620	15,937 425
11	17,797 628	18,038 517	18,283 013	18,531 167
12	20,443 908	20,752 177	21,065 607	21,384 284
13	23,334 970	23,723 633	24,119 503	24,522 712
14	26,493 455	26,977 379	27,471 155	27,974 983
15	29,944 099	30,540 229	31,149 592	31,772 481
16	33,713 928	34,441 551	35,186 678	35,949 729
17	37,832 466	38,713 499	39,617 379	40,544 702
18	42,331 970	43,391 281	44,480 073	45,599 172
19	47,247 677	48,513 453	49,816 880	51,159 090
20	52,618 087	54,122 231	55,674 026	57,274 998
21	58,485 260	60,263 843	62,102 243	64,002 498
22	64,895 146	66,988 907	69,157 212	71,402 748
23	71,897 947	74,352 854	76,900 040	79,543 023
24	79,548 507	82,416 375	85,397 794	88,497 325
25	87,906 744	91,245 930	94,724 079	98,347 058
26	97,038 118	100,914 294	104,959 676	109,181 763
27	107,014 144	111,501 151	116,193 245	121,099 940
28	117,912 952	123,093 761	128,522 086	134,209 933
29	129,819 900	135,787 668	142,052 989	148,630 927
30	142,828 241	149,687 496	156,903 156	164,494 019
31	157,039 853	164,907 809	173,201 213	181,943 421
32	172,566 039	181,574 050	191,088 331	201,137 763
33	189,528 398	199,823 585	210,719 444	222,251 540
34	208,059 775	219,806 826	232,264 590	245,476 694
35	228,305 304	241,688 474	255,910 387	271,024 363
36	250,423 544	265,648 879	281,861 650	299,126 799
37	274,587 722	291,885 522	310,343 160	330,039 479
38	300,987 086	320,614 647	341,601 618	364,043 427
39	329,828 392	352,073 038	375,907 776	401,447 769
40	361,337 518	386,519 977	413,558 784	442,592 546
41	395,761 238	424,239 375	454,880 766	487,851 801
42	433,369 153	465,542 115	500,231 640	537,636 981
43	474,455 799	510,768 616	550,004 225	592,400 679
44	519,342 961	560,291 635	604,629 637	652,640 747
45	568,382 185	614,519 340	664,581 027	718,904 821
46	621,957 537	673,898 677	730,377 677	791,795 303
47	680,488 609	738,919 052	802,589 500	871,974 834
48	744,433 805	810,116 361	881,841 976	960,172 317
49	814,293 932	888,077 416	968,821 569	1 057,189 549
50	890,616 121	978,444 770	1 064,281 672	1 163,908 503

Valeur acquise, après *n* périodes, par une suite d'annuités de un franc placées à la fin de chaque période.

n	10,25	10,50	10,75	11	11,25
1	1,000 000	1,000 000	1,000 000	1,000 000	1,000 000
2	2,102 500	2,105 000	2,107 500	2,110 000	2,112 500
3	3,318 006	3,326 025	3,334 056	3,342 100	3,350 156
4	4,658 102	4,675 257	4,692 467	4,709 731	4,727 049
5	6,135 557	6,166 160	6,196 908	6,227 801	6,258 842
6	7,764 452	7,813 606	7,863 075	7,912 860	7,962 962
7	9,560 308	9,634 035	9,708 356	9,783 274	9,858 795
8	11,540 240	11,645 608	11,752 004	11,859 434	11,967 909
9	13,723 114	13,868 398	14,015 344	14,163 972	14,314 299
10	16,129 734	16,324 579	16,521 994	16,722 009	16,924 658
11	18,783 031	19,038 660	19,298 108	19,561 430	19,828 681
12	21,708 292	22,037 720	22,372 655	22,713 187	23,059 408
13	24,933 392	25,351 680	25,777 715	26,211 638	26,653 592
14	28,489 065	29,013 607	29,548 820	30,094 918	30,652 121
15	32,409 194	33,060 035	33,725 318	34,405 359	35,100 484
16	36,731 136	37,531 339	38,350 789	39,189 948	40,049 289
17	41,496 078	42,472 130	43,473 499	44,500 843	45,554 834
18	46,749 426	47,931 703	49,146 900	50,395 936	51,679 752
19	52,541 242	53,964 532	55,430 192	56,939 488	58,493 725
20	58,926 720	60,630 808	62,388 938	64,202 832	66,074 269
21	65,966 708	67,997 043	70,095 749	72,265 144	74,507 624
22	73,728 295	76,136 732	78,631 042	81,214 309	83,889 731
23	82,285 446	85,131 089	88,083 879	91,147 883	94,327 326
24	91,719 704	95,069 854	98,552 895	102,174 151	105,939 150
25	102,120 974	106,052 188	110,147 332	114,413 307	118,857 305

n	11,50	11,75	12	12,25	12,50
1	1,000 000	1,000 000	1,000 000	1,000 000	1,000 000
2	2,115 000	2,117 500	2,120 000	2,122 500	2,125 000
3	3,358 225	3,366 306	3,374 400	3,382 506	3,390 625
4	4,744 421	4,761 847	4,779 328	4,796 863	4,814 453
5	6,290 029	6,321 364	6,352 847	6,384 479	6,416 260
6	8,013 383	8,064 125	8,115 189	8,166 578	8,218 292
7	9,934 922	10,011 659	10,089 012	10,166 983	10,245 579
8	12,077 438	12,188 029	12,299 693	12,412 439	12,526 276
9	14,466 343	14,620 123	14,775 656	14,932 963	15,092 061
10	17,129 972	17,337 987	17,548 735	17,762 251	17,978 568
11	20,099 919	20,375 201	20,654 583	20,938 126	21,225 889
12	23,411 410	23,769 287	24,133 133	24,503 047	24,879 125
13	27,103 722	27,562 178	28,029 109	28,504 670	28,989 016
14	31,220 650	31,800 734	32,392 602	32,996 492	33,612 643
15	35,811 025	36,537 320	37,279 715	38,038 562	38,814 223
16	40,929 293	41,830 455	42,753 280	43,698 286	44,666 001
17	46,636 161	47,745 533	48,883 674	50,051 326	51,249 252
18	52,999 320	54,355 634	55,749 715	57,182 614	58,655 408
19	60,094 242	61,742 420	63,439 681	65,187 484	66,987 334
20	68,005 080	69,997 155	72,052 442	74,172 951	76,360 751
21	76,825 664	79,221 821	81,698 736	84,259,137	86,905 845
22	86,660 615	89,530 384	92,502 584	95,580 882	98,769 075
23	97,626 586	101,050 205	104,602 894	108,289 540	112,115 210
24	109,853 643	113,923 604	118,155 241	122,555 008	127,129 611
25	123,486 812	128,309 627	133,333 870	138,567 997	144,020 812

Table 3 $C = \frac{(1+t)^n - 1}{t}$

n	12,75	13	13,25	13,50	13,75
1	1,000 000	1,000 000	1,000 000	1,000 000	1,000 000
2	2,127 500	2,130 000	2,132 500	2,135 000	2,137 500
3	3,398 756	3,406 900	3,415 056	3,423 225	3,431 406
4	4,832 098	4,849 797	4,867 551	4,885 360	4,903 225
5	6,448 190	6,480 271	6,512 502	6,544 884	6,577 418
6	8,270 334	8,322 706	8,375 408	8,428 443	8,481 813
7	10,324 802	10,404 658	10,485 150	10,566 283	10,648 062
8	12,641 214	12,757 263	12,874 432	12,992 731	13,112 171
9	15,252 969	15,415 707	15,580 294	15,746 750	15,915 094
10	18,197 723	18,419 749	18,644 683	18,872 561	19,103 420
11	21,517 932	21,814 317	22,115 104	22,420 357	22,730 140
12	25,261 469	25,650 178	26,045 355	26,447 106	26,855 534
13	29,482 306	29,984 701	30,496 365	31,017 465	31,548 176
14	34,241 300	34,882 712	35,537 133	36,204 823	36,886 044
15	39,607 066	40,417 464	41,245 803	42,092 474	42,957 875
16	45,656 966	46,671 735	47,710 872	48,774 957	49,864 582
17	52,478 230	53,739 060	55,032 563	56,359 577	57,720 962
18	60,169 204	61,725 133	63,324 377	64,968 120	66,657 595
19	68,840 777	70,749 406	72,714 857	74,738 816	76,823 014
20	78,617 977	80,946 829	83,349 576	85,828 556	88,386 178
21	89,641 769	92,469 917	95,393 395	98,415 411	101,539 278
22	102,071 094	105,491 006	109,033 020	112,701 491	116,500 929
23	116,085 159	120,204 837	124,479 895	128,916 193	133,519 806
24	131,886 016	136,831 465	141,973 481	147,319 879	152,878 780
25	149,701 484	155,619 556	161,784 967	168,208 062	174,899 612

n	14	14,25	14,50	14,75	15
1	1,000 000	1,000 000	1,000 000	1,000 000	1,000 000
2	2,140 000	2,142 500	2,145 000	2,147 500	2,150 000
3	3,439 600	3,447 806	3,456 025	3,464 256	3,472 500
4	4,921 144	4,939 119	4,957 149	4,975 234	4,993 375
5	6,610 104	6,642 943	6,675 935	6,709 081	6,742 381
6	8,535 519	8,589 562	8,643 946	8,698 671	8,753 738
7	10,730 491	10,813 575	10,897 318	10,981 724	11,066 799
8	13,232 760	13,354 510	13,477 429	13,601 529	13,726 819
9	16,085 347	16,257 527	16,431 656	16,607 754	16,785 842
10	19,337 295	19,574 225	19,814 246	20,057 398	20,303 718
11	23,044 516	23,363 552	23,687 312	24,015 864	24,349 276
12	27,270 749	27,692 858	28,121 972	28,558 204	29,001 667
13	32,088 654	32,639 090	33,199 658	33,770 539	34,351 917
14	37,581 065	38,290 161	39,013 609	39,751 694	40,504 705
15	43,842 414	44,746 508	45,670 582	46,615 068	47,580 411
16	50,980 352	52,122 886	53,292 816	54,490 791	55,717 472
17	59,117 601	60,550 397	62,020 275	63,528 183	65,075 093
18	68,394 066	70,178 829	72,013 215	73,898 590	75,836 357
19	78,969 235	81,179 312	83,455 131	85,798 632	88,211 811
20	91,024 928	93,747 364	96,556 125	99,453 930	102,443 583
21	104,768 418	108,106 363	111,556 763	115,123 385	118,810 120
22	120,435 996	124,511 520	128,732 494	133,104 085	137,631 638
23	138,297 035	143,254 411	148,398 705	153,736 937	159,276 384
24	158,658 620	164,668 165	170,916 517	177,413 135	184,167 841
25	181,870 827	189,133 378	196,699 412	204,581 573	212,793 018

Valeur acquise, après *n* périodes, par une suite d'annuités de un franc placées à la fin de chaque période.

n	16	16,25	16,50	16,75	17
1	1,000 000	1,000 000	1,000 000	1,000 000	1,000 000
2	2,160 000	2,162 500	2,165 000	2,167 500	2,170 000
3	3,505 600	3,513 906	3,522 225	3,530 556	3,538 900
4	5,066 496	5,084 916	5,103 392	5,121 924	5,140 513
5	6,877 135	6,911 215	6,945 452	6,979 847	7,014 400
6	8,977 477	9,034 287	9,091 451	9,148 971	9,206 848
7	11,413 873	11,502 359	11,591 541	11,681 424	11,772 012
8	14,240 093	14,371 492	14,504 145	14,638 062	14,773 255
9	17,518 508	17,706 860	17,897 329	18,089 938	18,284 708
10	21,321 469	21,584 225	21,850 388	22,120 002	22,393 108

n	17,50	18	18,50	19	19,50
1	1,000 000	1,000 000	1,000 000	1,000 000	1,000 000
2	2,175 000	2,180 000	2,185 000	2,190 000	2,195 000
3	3,555 625	3,572 400	3,589 225	3,606 100	3,623 025
4	5,177 860	5,215 432	5,253 232	5,291 259	5,329 515
5	7,083 985	7,154 210	7,225 079	7,296 598	7,368 770
6	9,323 682	9,441 968	9,561 719	9,682 952	9,805 680
7	11,955 326	12,141 522	12,330 637	12,522 713	12,717 788
8	15,047 509	15,326 996	15,611 805	15,902 028	16,197 757
9	18,680 823	19,085 855	19,499 989	19,923 413	20,356 319
10	22,949 967	23,521 309	24,107 487	24,708 862	25,325 802

n	20	20,50	21	21,50	22
1	1,000 000	1,000 000	1,000 000	1,000 000	1,000 000
2	2,200 000	2,205 000	2,210 000	2,215 000	2,220 000
3	3,640 000	3,657 025	3,674 100	3,691 225	3,708 400
4	5,368 000	5,406 715	5,445 661	5,484 838	5,524 248
5	7,441 600	7,515 092	7,589 250	7,664 079	7,739 583
6	9,929 920	10,055 686	10,182 992	10,311 856	10,442 291
7	12,915 904	13,117 101	13,321 421	13,528 904	13,739 595
8	16,499 085	16,806 107	17,118 919	17,437 619	17,762 306
9	20,798 902	21,251 359	21,713 892	22,186 707	22,670 013
10	25,958 682	26,607 887	27,273 809	27,956 849	28,657 416

n	22,50	23	23,50	24	25
1	1,000 000	1,000 000	1,000 000	1,000 000	1,000 000
2	2,225 000	2,230 000	2,235 000	2,240 000	2,250 000
3	3,725 625	3,742 900	3,760 225	3,777 600	3,812 500
4	5,563 891	5,603 767	5,643 878	5,684 224	5,765 625
5	7,815 766	7,892 633	7,970 189	8,048 438	8,207 031
6	10,574 313	10,707 939	10,843 184	10,980 063	11,258 789
7	13,953 534	14,170 765	14,391 332	14,615 278	15,073 486
8	18,093 079	18,430 041	18,773 295	19,122 945	19,841 858
9	23,164 022	23,668 950	24,185 019	24,712 451	25,802 322
10	29,375 927	30,112 809	30,868 498	31,643 440	33,252 903

Table 4 $C = \frac{1-(1+t)^{-n}}{t}$

n	1	2	2,50	2,75	3
1	0,990 099	0,980 392	0,975 609	0,973 236	0,970 873
2	1,970 395	1,941 561	1,927 424	1,920 424	1,913 469
3	2,940 985	2,883 883	2,856 023	2,842 262	2,828 611
4	3,901 965	3,807 728	3,761 974	3,739 428	3,717 098
5	4,853 431	4,713 459	4,645 828	4,612 582	4,579 707
6	5,795 476	5,601 431	5,508 125	5,462 367	5,417 191
7	6,728 194	6,471 991	6,349 390	6,289 408	6,230 283
8	7,651 677	7,325 481	7,170 137	7,094 314	7,019 692
9	8,566 017	8,162 236	7,970 865	7,877 678	7,786 109
10	9,471 304	8,982 585	8,752 063	8,640 076	8,530 202
11	10,367 628	9,786 848	9,514 208	9,382 069	9,252 624
12	11,255 077	10,575 341	10,257 764	10,104 203	9,954 004
13	12,133 740	11,348 373	10,983 185	10,807 011	10,634 955
14	13,003 703	12,106 248	11,690 912	11,491 008	11,296 073
15	13,865 052	12,849 263	12,381 377	12,156 699	11,937 935
16	14,717 873	13,577 709	13,055 002	12,804 573	12,561 102
17	15,562 251	14,291 872	13,712 197	13,435 107	13,166 118
18	16,398 268	14,992 031	14,353 363	14,048 766	13,753 513
19	17,226 008	15,678 462	14,978 891	14,646 001	14,323 799
20	18,045 553	16,351 433	15,589 162	15,227 252	14,877 475
21	18,856 983	17,011 209	16,184 548	15,792 946	15,415 024
22	19,660 379	17,658 048	16,765 413	16,343 500	15,936 916
23	20,455 821	18,292 204	17,332 110	16,879 318	16,443 608
24	21,243 387	18,913 925	17,884 985	17,400 796	16,935 542
25	22,023 155	19,523 456	18,424 376	17,908 318	17,413 147
26	22,795 203	20,121 035	18,950 611	18,402 256	17,876 842
27	23,559 607	20,706 897	19,464 011	18,882 974	18,327 031
28	24,316 443	21,281 272	19,964 888	19,350 826	18,764 108
29	24,065 785	21,844 384	20,453 549	19,806 157	19,188 454
30	25,807 708	22,396 455	20,930 292	20,249 301	19,600 441
31	26,542 285	22,937 701	21,395 407	20,680 585	20,000 428
32	27,269 589	23,468 334	21,849 178	21,100 326	20,388 765
33	27,989 692	23,988 563	22,291 880	21,518 833	20,765 791
34	28,702 666	24,498 591	22,723 786	21,908 407	21,131 836
35	29,408 580	24,998 619	23,145 157	22,293 340	21,487 220
36	30,107 505	25,488 842	23,556 251	22,669 917	21,832 252
37	30,799 510	25,969 453	23,957 318	23,036 416	22,167 235
38	31,484 663	26,440 640	24,348 603	23,393 105	22,492 461
39	32,163 033	26,902 588	24,730 344	23,740 249	22,808 215
40	32,834 686	27,355 479	25,602 775	24,078 101	23,114 772
41	33,499 689	27,799 489	25,466 122	24,406 911	23,412 400
42	34,158 108	28,234 793	25,820 606	24,726 920	23,701 359
43	34,810 008	28,661 562	26,166 445	25,038 365	23,981 902
44	35,405 453	29,079 963	26,503 849	25,341 475	24,254 274
45	36,094 508	29,490 160	26,883 024	25,636 472	24,518 712
46	36,727 236	29,892 313	27,154 169	25,923 574	24,775 449
47	37,353 699	30,286 582	27,467 482	26,202 991	25,024 708
48	37,973 959	30,673 119	27,773 153	26,474 930	25,266 706
49	38,588 078	31,052 078	28,071 369	26,739 592	25,501 657
50	39,196 117	31,426 606	28,362 311	26,997 170	25,729 764

Valeur actuelle d'une suite d'annuités de un franc versées en fin de période, pendant *n* périodes.

n	3,25	3,50	3,75	4	4,25
1	0,968 523	0,966 184	0,963 855	0,961 538	0,959 233
2	1,906 560	1,899 694	1,892 873	1,886 095	1,879 360
3	2,815 007	2,801 637	2,788 311	2,775 091	2,761 976
4	3,694 983	3,673 079	3,651 384	3,629 895	3,608 610
5	4,547 199	4,515 052	4,483 262	4,451 822	4,420 729
6	5,372 590	5,328 553	5,285 072	5,242 137	5,199 740
7	6,172 000	6,114 544	6,057 900	6,002 055	5,946 992
8	6,946 247	6,873 955	6,802 795	6,732 745	6,663 782
9	7,696 123	7,607 686	7,520 767	7,435 332	7,351 349
10	8,422 395	8,316 605	8,212 787	8,110 896	8,010 887
11	9,125 806	9,001 551	8,879 795	8,760 477	8,643 536
12	9,807 076	9,663 334	9,522 694	9,385 074	9,250 395
13	10,466 902	10,302 738	10,142 356	9,985 648	9,832 513
14	11,105 958	10,920 520	10,739 620	10,563 123	10,390 900
15	11,724 900	11,517 411	11,315 296	11,118 387	10,926 522
16	12,324 358	12,094 117	11,870 165	11,652 296	11,440 309
17	12,904 947	12,651 321	12,404 978	12,165 669	11,933 150
18	13,467 261	13,189 682	12,920 461	12,659 297	12,405 899
19	14,011 875	13,709 837	13,417 312	13,133 939	12,859 376
20	14,539 346	14,212 403	13,896 204	13,590 326	13,294 365
21	15,050 214	14,697 974	14,357 787	14,029 160	13,711 621
22	15,545 002	15,167 125	14,802 686	14,451 115	14,111 867
23	16,024 215	15,620 410	15,231 505	14,856 842	14,495 796
24	16,488 343	16,058 368	15,644 824	15,246 963	14,864 073
25	16,937 863	16,481 515	16,043 204	15,622 080	15,217 336
26	17,373 233	16,890 352	16,427 184	15,982 769	15,556 197
27	17,794 899	17,285 364	16,797 286	16,329 586	15,881 245
28	18,203 292	17,667 019	17,154 011	16,663 063	16,193 040
29	18,598 830	18,035 767	17,497 842	16,983 715	16,492 125
30	18,981 917	18,392 045	17,829 245	17,292 033	16,779 017
31	19,352 946	18,736 275	18,148 670	17,588 494	17,054 213
32	19,712 297	19,068 865	18,456 549	17,873 552	17,318 190
33	20,060 336	19,390 208	18,753 300	18,147 646	17,571 405
34	20,397 419	19,700 684	19,039 325	18,411 198	17,814 297
35	20,723 893	20,000 661	19,315 013	18,664 613	18,047 288
36	20,040 090	20,290 493	19,580 735	18,908 282	18,270 780
37	21,346 334	20,570 525	19,836 853	19,142 579	18,485 160
38	21,642 939	20,841 087	20,083 714	19,367 864	18,690 801
39	21,930 207	21,102 500	20,321 652	19,584 485	18,888 059
40	22,208 433	21,355 072	20,550 990	19,792 774	19,077 275
41	22,738 887	21,599 103	20,772 038	19,993 052	19,258 776
42	22,477 901	21,834 882	20,985 097	20,185 627	19,432 879
43	22,991 658	22,062 688	21,190 455	20,370 795	19,599 884
44	23,236 473	22,282 791	21,388 390	20,548 841	19,760 081
45	23,473 582	22,495 450	21,579 171	20,720 040	19,913 746
46	23,703 227	22,700 918	21,763 057	20,884 654	20,061 148
47	23,925 643	22,899 437	21,940 296	21,042 936	20,202 540
48	24,141 059	23,091 244	22,111 128	21,195 131	20,338 168
49	24,345 694	23,276 564	22,275 786	21,241 472	20,468 266
50	24,551 761	23,455 618	22,434 493	21,482 185	20,593 061

Table 4

$$C = \frac{1-(1+t)^{-n}}{t}$$

n	4,50	4,75	5	5,25	5,50
1	0,956 938	0,954 654	0,952 381	0,950 119	0,947 867
2	1,872 668	1,866 018	1,859 411	1,852 845	1,846 320
3	2,748 964	2,736 056	2,723 248	2,710 541	2,697 933
4	3,587 526	3,566 640	3,545 951	3,525 455	3,505 150
5	4,389 977	4,359 561	4,329 477	4,299 719	4,270 284
6	5,157 872	5,116 526	5,075 692	5,035 363	4,995 530
7	5,892 701	5,839 165	5,786 373	5,734 311	5,682 967
8	6,595 886	6,529 036	6,463 213	6,398 396	6,334 566
9	7,268 790	7,187 624	7,107 822	7,029 354	6,952 195
10	7,912 718	7,816 347	7,721 735	7,628 840	7,537 626
11	8,528 917	8,416 561	8,306 414	8,198 423	8,092 536
12	9,118 580	8,989 557	8,863 252	8,739 594	8,618 518
13	9,682 852	9,536 570	9,393 573	9,253 771	9,117 078
14	10,222 825	10,058 778	9,898 641	9,742 300	9,589 648
15	10,739 545	10,557 306	10,379 658	10 206 461	10,037 581
16	11,234 015	11,033 227	10,837 769	10,647 469	10,462 162
17	11,707 191	11,487 568	11,274 066	11,066 479	10,864 608
18	12,159 991	11,921 306	11,689 587	11,464 588	11,246 074
19	12,593 293	12,335 375	12,085 321	11,842 839	11,607 653
20	13,007 936	12,730 669	12,462 210	12,202 222	11,950 382
21	13,404 724	13,108 037	12,821 153	12,543 679	12,275 244
22	13,784 424	13,468 293	13,163 002	12,868 104	12,583 169
23	14,147 774	13,812 213	13,488 574	13,176 346	12,875 042
24	14,495 478	14,140 537	13,798 642	13,469 212	13,151 699
25	14,828 209	14,453 974	14,093 944	13,747 470	13,413 933
26	15,146 611	14,753 197	14,375 185	14,011 848	13,662 495
27	15,451 302	15,038 851	14,643 034	14,263 038	13,898 100
28	15,742 873	15,311 553	14,898 127	14,501 699	14,121 422
29	16,021 888	15,571 888	15,141 073	14,728 455	14,333 101
30	16,288 888	15,820 418	15,372 451	14,943 900	14,533 745
31	16,544 391	16,057 678	15,592 810	15,148 599	14,723 929
32	16,788 891	16,284 180	15,802 677	15,343 087	14,904 198
33	17,022 862	16,500 410	16,022 549	15,527 874	15,075 069
34	17,246 758	16,706 836	16,192 904	15,703 443	15,237 033
35	17,461 012	16,903 900	16,374 194	15,870 254	15,390 552
36	17,666 040	17,092 029	16,546 852	16,028 745	15,536 068
37	17,862 240	17,271 627	16,711 287	16,179 330	15,673 998
38	18,049 990	17,443 080	16,867 893	16,322 404	15,804 738
39	18,229 656	17,606 759	17,017 041	16,458 341	15,928 661
40	18,401 584	17,763 016	17,159 086	16,587 498	16,046 125
41	18,566 109	17,912 187	17,294 368	16,710 212	16,157 464
42	18,723 550	18,054 594	17,423 208	16,826 804	16,262 999
43	18,874 210	18,190 543	17,545 912	16,937 581	16,363 032
44	19,018 383	18,320 328	17,662 773	17,042 833	16,457 851
45	19,156 347	18,444 227	17,774 070	17,142 834	16,547 726
46	19,288 371	18,562 508	17,880 066	17,237 847	16,632 915
47	19,414 709	18,675 425	17,981 016	17,328 121	16,713 664
48	19,535 606	18,783 222	18,077 158	17,413 891	16,790 203
49	19,651 298	18,886 131	18,168 722	17,495 384	16,862 751
50	19,762 008	18,984 373	18,255 925	17,572 811	16,931 518

Valeur actuelle d'une suite d'annuités de un franc versées en fin de période, pendant *n* périodes.

n	5,75	6	6,25	6,50	6,75
1	0,945 627	0,943 396	0,941 176	0,938 967	0,936 768
2	1,839 836	1,833 393	1,826 990	1,820 626	1,814 303
3	2,685 424	2,673 012	2,660 696	2,648 476	2,636 349
4	3,485 034	3,465 106	3,445 361	3,425 799	3,406 416
5	4,241 167	4,212 364	4,183 869	4,155 679	4,127 790
6	4,956 186	4,917 324	4,878 936	4,841 014	4,803 550
7	5,632 328	5,582 381	5,533 116	5,484 520	5,436 581
8	6,271 705	6,209 794	6,148 815	6,088 751	6,029 584
9	6,876 316	6,801 692	6,728 296	6,656 104	6,585 091
10	7,448 053	7,360 087	7,273 691	7,188 830	7,105 471
11	7,988 703	7,886 875	7,787 003	7,689 042	7,592 947
12	8,499 955	8,383 844	8,270 121	8,158 725	8,049 599
13	8,983 409	8,852 683	8,724 819	8,599 742	8,477 376
14	9,440 576	9,294 984	9,152 771	9,013 842	8,878 104
15	9,872 885	9,712 249	9,555 549	9,402 669	9,253 493
16	10,281 688	10,105 895	9,934 635	9,767 764	9,605 146
17	10,668 263	10,477 260	10,291 421	10,110 577	9,934 563
18	11,033 818	10,827 603	10,627 220	10,432 466	10,243 151
19	11,379 497	11,158 116	10,943 265	10,734 710	10,532 225
20	11,706 380	11,469 921	11,240 720	11,018 507	10,803 021
21	12,015 490	11,764 077	11,520 678	11,284 983	11,056 695
22	12,307 792	12,041 582	11,784 168	11,535 196	11,294 327
23	12,584 200	12,303 379	12,032 158	11,770 137	11,516 934
24	12,845 579	12,550 358	12,265 560	11,990 739	11,725 465
25	13,092 747	12,783 356	12,485 233	12,197 877	11,920 811
26	13,326 474	13,003 166	12,691 984	12,392 372	12,103 804
27	13,547 493	13,210 534	12,886 573	12,574 998	12,275 226
28	13,756 495	13,406 164	13,069 716	12,746 477	12,435 809
29	13,954 132	13,590 721	13,242 086	12,907 490	12,586 238
30	14,141 023	13,764 831	13,404 316	13,058 676	12,727 155
31	14,317 753	13,929 086	13,557 003	13,200 635	12,859 162
32	14,484 873	14,084 043	13,700 709	13,333 929	12,982 821
33	14,642 906	14,230 230	13,835 961	13,459 088	13,098 661
34	14,792 346	14,368 141	13,963 258	13,576 609	13,207 177
35	14,933 660	14,498 246	14,083 066	13,686 957	13,308 831
36	15,067 291	14,620 987	14,195 827	13,790 570	13,404 057
37	15,193 656	14,736 780	14,301 955	13,887 859	13,493 262
38	15,313 150	14,846 019	14,401 840	13,979 210	13,576 826
39	15,426 146	14,949 075	14,495 849	14,064 986	13,655 107
40	15,532 999	15,046 297	14,584 329	14,145 527	13,728 437
41	15,634 041	15,138 016	14,667 604	14,221 152	13,797 131
42	15,729 590	15,224 543	14,745 980	14,292 161	13,861 481
43	15,819 943	15,306 173	14,819 746	14,358 837	13,921 762
44	15,905 384	15,383 182	14,889 172	14,421 443	13,978 231
45	15,986 178	15,455 832	14,954 515	14,480 228	14,031 130
46	16,062 580	15,524 370	15,016 014	14,535 426	14,080 684
47	16,134 827	15,589 028	15,073 896	14,587 254	14,127 104
48	16,203 147	15,650 027	15,128 372	14,635 920	14,170 589
49	16,267 751	15,707 572	15,179 645	14,681 615	14,211 325
50	16,328 842	15,761 861	15,227 901	14,724 521	14,249 485

Table 4 $C = \frac{1-(1+t)^{-n}}{t}$

n	7	7,25	7,50	7,75	8
1	0,934 580	0,932 401	0,930 233	0,928 074	0,925 926
2	1,808 018	1,801 773	1,795 565	1,789 396	1,783 265
3	2,624 316	2,612 375	2,600 526	2,588 767	2,577 097
4	3,387 211	3,368 182	3,349 326	3,330 642	3,312 127
5	4,100 198	4,072 897	4,045 885	4,019 157	3,992 710
6	4,766 540	4,729 974	4,693 846	4,658 150	4,622 880
7	5,389 289	5,342 633	5,296 601	5,251 184	5,206 370
8	5,971 299	5,913 877	5,857 303	5,801 563	5,746 639
9	6,515 232	6,446 505	6,378 887	6,312 355	6,246 888
10	7,023 582	6,943 128	6,864 081	6,786 408	6,710 081
11	7,498 674	7,406 180	7,315 424	7,226 365	7,138 964
12	7,942 686	7,837 930	7,735 278	7,634 678	7,536 078
13	8,357 651	8,240 494	8,125 840	8,013 622	7,903 776
14	8,745 468	8,615 846	8,489 154	8,365 310	8,244 237
15	9,107 914	8,965 823	8,827 120	8,691 703	8,559 479
16	9,446 649	9,292 143	9,141 507	8,994 620	8,851 369
17	9,763 223	9,596 404	9,433 960	9,275 750	9,121 638
18	10,059 087	9,880 097	9,706 009	9,536 659	9,371 887
19	10,335 595	10,144 612	9,959 078	9,778 801	9,603 599
20	10,594 014	10,391 247	10,194 491	10,003 528	9,818 147
21	10,835 527	10,621 209	10,413 480	10,212 091	10,016 803
22	11,061 240	10,835 626	10,617 191	10,405 653	10,200 744
23	11,272 187	11,035 549	10,806 689	10,585 293	10,371 059
24	11,469 334	11,221 957	10,982 967	10,752 012	10,528 758
25	11,653 583	11,395 764	11,146 946	10,906 739	10,674 776
26	11,825 779	11,557 822	11,299 485	11,050 338	10,809 978
27	11,986 709	11,708 925	11,441 381	11,183 609	10,935 165
28	12,137 111	11,849 814	11,573 378	11,307 293	11,051 079
29	12,277 674	11,981 178	11,696 165	11,422 082	11,158 406
30	12,409 041	12,103 663	11,810 386	11,528 614	11,257 783
31	12,531 814	12,217 867	11,916 638	11,627 484	11,349 799
32	12,646 555	12,324 352	12,015 478	11,719 243	11,435 000
33	12,753 790	12,423 638	12,107 421	11,804 402	11,513 888
34	12,854 009	12,516 213	12,192 950	11,883 436	11,586 934
35	12,947 672	12,602 529	12,272 511	11,956 785	11,654 568
36	13,035 208	12,683 011	12,346 522	12,024 858	11,717 193
37	13,117 017	12,758 052	12,415 370	12,088 036	11,775 179
38	13,193 473	12,828 021	12,479 413	12,146 669	11,828 869
39	13,264 928	12,893 259	12,538 989	12,201 085	11,878 583
40	13,331 709	12,954 088	12,594 409	12,251 587	11,924 613
41	13,394 120	13,010 805	12,645 962	12,298 456	11,967 235
42	13,452 449	13,063 687	12,693 918	12,341 955	12,006 699
43	13,506 962	13,112 995	12,738 528	12,382 325	12,043 240
44	13,557 908	13,158 970	12,780 026	12,419 791	12,077 074
45	13,605 522	13,201 837	12,818 629	12,454 562	12,108 402
46	13,650 020	13,241 806	12,854 539	12,486 833	12,137 409
47	13,691 608	13,279 073	12,887 943	12,516 782	12,164 268
48	13,730 474	13,313 820	12,919 017	12,544 577	12,189 137
49	13,766 799	13,346 220	12,947 923	12,570 374	12,212 164
50	13,800 746	13,376 429	12,974 812	12,594 314	12,233 485

Valeur actuelle d'une suite d'annuités de un franc versées en fin de période, pendant *n* périodes.

n	8,25	8,50	8,75	9
1	0,923 788	0,921 659	0,919 540	0,917 431
2	1,777 171	1,771 114	1,765 095	1,759 111
3	2,565 516	2,554 022	2,542 616	2,531 295
4	3,293 779	3,275 597	3,257 578	3,239 720
5	3,966 540	3,940 642	3,915 014	3,889 651
6	4,588 027	4,553 587	4,519 553	4,485 919
7	5,162 150	5,118 513	5,075 451	5,032 953
8	5,692 517	5,639 183	5,586 622	5,534 819
9	6,182 464	6,119 063	6,056 664	5,995 247
10	6,635 070	6,561 348	6,488 886	6,417 658
11	7,053 183	6,968 984	6,886 332	6,805 191
12	7,439 430	7,344 686	7,251 799	7,160 725
13	7,796 240	7,690 955	7,587 862	7,486 904
14	8,125 857	8,010 097	7,896 884	7,786 150
15	8,430 353	8,304 236	8,181 043	8,060 688
16	8,711 642	8,575 333	8,442 338	8,312 558
17	8,971 494	8,825 192	8,682 610	8,543 631
18	9,211 542	9,055 476	8,903 549	8,755 625
19	9,433 295	9,267 720	9,106 712	8,950 115
20	9,638 148	9,463 337	9,293 528	9,128 546
21	9,827 388	9,643 628	9,465 313	9,292 244
22	10,002 206	9,809 796	9,623 277	9,442 425
23	10,163 701	9,962 945	9,768 530	9,580 207
24	10,312 888	10,104 097	9,902 097	9,706 612
25	10,450 705	10,234 191	10,024 917	9,822 580
26	10,578 018	10,354 093	10,137 854	9,928 972
27	10,695 629	10,464 602	10,241 705	10,026 580
28	10,804 276	10,566 453	10,337 200	10,116 128
29	10,904 643	10,660 326	10,425 012	10,198 283
30	10,997 361	10,746 844	10,505 758	10,273 654
31	11,083 012	10,826 584	10,580 007	10,342 802
32	11,162 136	10,900 078	10,648 283	10,406 240
33	11,235 230	10,967 813	10,711 064	10,464 441
34	11,302 752	11,030 243	10,768 795	10,517 835
35	11,365 129	11,087 781	10,821 880	10,566 822
36	11,422 752	11,140 812	10,870 695	10,611 763
37	11,475 984	11,189 689	10,915 581	10,652 993
38	11,525 158	11,234 736	10,956 856	10,690 820
39	11,570 585	11,276 255	10,994 810	10,725 523
40	11,612 549	11,314 520	11,029 711	10,757 360
41	11,651 316	11,349 788	11,061 803	10,786 569
42	11,687 128	11,382 293	11,091 313	10,813 366
43	11,720 210	11,412 252	11,118 449	10,837 951
44	11,750 772	11,439 864	11,143 401	10,860 505
45	11,779 004	11,465 312	11,166 346	10,881 197
46	11,805 085	11,488 767	11,187 445	10,900 181
47	11,829 177	11,510 384	11,206 846	10,917 597
48	11,851 434	11,530 308	11,224 686	10,933 576
49	11,871 995	11,548 671	11,241 090	10,948 234
50	11,890 988	11,565 595	11,256 175	10,961 683

Table 4 $C = \frac{1-(1+t)^{-n}}{t}$

n	9,25	9,50	9,75	10
1	0,915 332	0,913 242	0,911 162	0,909 091
2	1,753 164	1,747 253	1,741 377	1,735 537
3	2,520 059	2,508 907	2,497 838	2,486 852
4	3,222 022	3,204 481	3,187 096	3,169 866
5	3,864 551	3,839 709	3,815 122	3,790 787
6	4,452 678	4,419 825	4,387 355	4,355 261
7	4,991 010	4,949 612	4,908 751	4,868 419
8	5,483 762	5,433 436	5,383 828	5,334 926
9	5,934 793	5,875 284	5,816 700	5,759 024
10	6,347 637	6,278 798	6,211 116	6,144 567
11	6,725 526	6,647 304	6,570 493	6,495 061
12	7,071 419	6,983 839	6,897 944	6,813 692
13	7,388 027	7,291 177	7,196 304	7,103 356
14	7,677 828	7,571 852	7,468 158	7,366 688
15	7,943 092	7,828 175	7,715 862	7,606 080
16	8,185 896	8,062 260	7,941 560	7,823 709
17	8,408 143	8,276 037	8,147 207	8,021 553
18	8,611 573	8,471 266	8,334 585	8,201 412
19	8,797 778	8,649 558	8,505 317	8,364 920
20	8,968 218	8,812 382	8,660 881	8,513 564
21	9,124 227	8,961 080	8,802 625	8,648 694
22	9,267 027	9,096 876	8,931 777	8,771 540
23	9,397 736	9,220 892	9,049 455	8,883 219
24	9,517 379	9,334 148	9,156 679	8,984 744
25	9,626 891	9,437 578	9,254 377	9,077 040
26	9,727 132	9,532 034	9,343 396	9,160 946
27	9,818 885	9,618 296	9,424 506	9,237 223
28	9,902 870	9,697 074	9,498 411	9,306 567
29	9,979 743	9,769 018	9,565 751	9,369 606
30	10,050 108	9,834 719	9,627 108	9,426 915
31	10,114 516	9,894 721	9,683 014	9,479 013
32	10,173 470	9,949 517	9,733 953	9,526 376
33	10,227 432	9,999 559	9,780 368	9,569 432
34	10,276 826	10,045 259	9,822 658	9,608 575
35	10,322 037	10,086 995	9,861 192	9,644 159
36	10,363 421	10,125 109	9,896 303	9,676 508
37	10,401 301	10,159 917	9,928 294	9,705 917
38	10,435 973	10,191 705	9,957 443	9,732 651
39	10,467 710	10,220 735	9,984 003	9,756 956
40	10,496 760	10,247 247	10,008 203	9,779 051
41	10,523 350	10,271 458	10,030 253	9,799 137
42	10,547 689	10,293 569	10,050 345	9,817 397
43	10,569 967	10,313 762	10,068 651	9,833 998
44	10,590 359	10,332 203	10,085 331	9,849 089
45	10,609 024	10,349 043	10,100 530	9,862 808
46	10,626 109	10,364 423	10,114 378	9,875 280
47	10,641 747	10,378 469	10,126 996	9,886 618
48	10,656 062	10,391 296	10,138 493	9,896 926
49	10,669 164	10,403 010	10,148 968	9,906 296
50	10,681 157	10,413 708	10,158 513	9,914 815

Valeur actuelle d'une suite d'annuités de un franc versées en fin de période, pendant *n* périodes.

4

n	10,25	10,50	10,75	11	11,25
1	0,907 029 5	0,904 977 4	0,902 934 5	0,900 900 9	0,898 876 4
2	1,729 732 0	1,723 961 4	1,718 225 3	1,712 523 3	1,706 855 2
3	2,475 947 4	2,465 123 5	2,454 379 6	2,443 714 7	2,433 128 3
4	3,152 786 7	3,135 858 3	3,119 078 6	3,102 445 7	3,085 958 0
5	3,766 700 0	3,742 858 2	3,719 258 3	3,695 897 0	3,672 771 2
6	4,323 537 4	4,292 179 4	4,261 181 3	4,230 537 9	4,200 243 8
7	4,828 605 3	4,789 302 6	4,750 502 3	4,712 196 3	4,674 376 5
8	5,286 716 9	5,239 187 9	5,192 327 1	5,146 122 8	5,100 563 1
9	5,702 237 6	5,646 323 9	5,591 266 0	5,537 047 5	5,483 652 2
10	6,079 127 0	6,014 772 7	5,951 481 8	5,889 232 0	5,828 002 0
11	6,420 976 9	6,348 210 6	6,276 733 0	6,206 515 3	6,137 529 9
12	6,731 044 8	6,649 964 4	6,570 413 5	6,492 356 1	6,415 757 2
13	7,012 285 6	6,923 044 7	6,835 587 8	6,749 870 4	6,665 849 2
14	7,267 379 2	7,170 176 2	7,075 022 9	6,981 865 2	6,890 650 9
15	7,498 756 6	7,393 824 6	7,291 217 0	7,190 869 6	7,092 719 9
16	7,708 622 8	7,596 221 4	7,486 426 2	7,379 161 8	7,274 355 0
17	7,898 977 6	7,779 385 8	7,662 687 3	7,548 794 4	7,437 622 5
18	8,071 635 0	7,945 145 6	7,821 839 6	7,701 616 6	7,584 379 8
19	8,228 240 3	8,095 154 3	7,965 543 6	7,839 294 2	7,716 296 4
20	8,370 286 0	8,230 908 9	8,095 299 0	7,963 328 1	7,834 873 2
21	8,499 125 6	8,353 763 7	8,212 459 6	8,075 070 4	7,941 459 0
22	8,615 987 0	8,464 944 5	8,318 247 9	8,175 739 1	8,037 266 5
23	8,721 983 7	8,565 560 7	8,413 767 9	8,266 431 6	8,123 385 7
24	8,818 125 8	8,656 616 0	8,500 016 1	8,348 136 6	8,200 796 1
25	8,905 329 5	8,739 019 0	8,577 892 7	8,421 744 7	8,270 378 5

n	11,50	11,75	12	12,25	12,50
1	0,896 861 0	0,894 854 6	0,892 857 1	0,890 868 6	0,888 888 9
2	1,701 220 6	1,695 619 3	1,690 051 0	1,684 515 5	1,679 012 3
3	2,422 619 4	2,412 187 3	2,401 831 3	2,391 550 5	2,381 344 3
4	3,069 613 8	3,053 411 5	3,037 349 3	3,021 425 9	3,005 639 4
5	3,649 877 8	3,627 213 8	3,604 776 2	3,582 562 0	3,560 568 3
6	4,170 294 0	4,140 683 5	4,111 407 3	4,082 460 6	4,053 838 5
7	4,637 035 0	4,600 164 2	4,563 756 5	4,527 804 5	4,492 300 9
8	5,055 636 8	5,011 332 6	4,967 639 8	4,924 547 5	4,882 045 3
9	5,431 064 4	5,379 268 6	5,328 249 8	5,277 993 3	5,228 484 7
10	5,767 770 7	5,708 517 7	5,650 223 0	5,592 867 1	5,536 430 8
11	6,069 749 5	6,003 147 9	5,937 699 1	5,873 378 2	5,810 160 7
12	6,340 582 5	6,266 799 0	6,194 374 2	6,123 276 9	6,053 476 2
13	6,583 482 1	6,502 728 4	6,423 548 4	6,345 903 6	6,269 756 6
14	6,801 329 2	6,713 850 9	6,628 168 2	6,544 234 9	6,462 005 9
15	6,996 707 8	6,902 774 9	6,810 864 5	6,720 921 9	6,632 894 1
16	7,171 935 3	7,071 834 3	6,973 986 2	6,878 326 9	6,784 794 8
17	7,329 089 9	7,223 118 0	7,119 630 5	7,018 554 0	6,919 817 6
18	7,470 035 8	7,358 494 8	7,249 670 1	7,143 478 0	7,039 837 8
19	7,596 444 7	7,479 637 4	7,365 776 9	7,254 768 8	7,146 522 5
20	7,709 815 9	7,588 042 4	7,469 443 6	7,353 914 3	7,241 353 4
21	7,811 494 0	7,685 049 2	7,562 003 2	7,442 239 9	7,325 647 4
22	7,902 685 2	7,771 856 1	7,644 645 7	7,520 926 4	7,400 575 5
23	7,984 471 1	7,849 535 6	7,718 433 7	7,591 025 8	7,467 178 2
24	8,057 821 6	7,919 047 6	7,784 315 8	7,653 475 1	7,526 380 6
25	8,123 606 8	7,981 250 6	7,843 139 1	7,709 109 2	7,579 005 0

Table 4 $C = \frac{1-(1+t)^{-n}}{t}$

n	12,75	13	13,25	13,50	13,75
1	0,886 918 0	0,884 955 8	0,883 002 2	0,881 057 3	0,879 120 9
2	1,673 541 4	1,668 102 4	1,662 695 1	1,657 319 2	1,651 974 4
3	2,371 211 9	2,361 152 6	2,351 165 7	2,341 250 4	2,331 406 1
4	2,989 988 4	2,974 471 3	2,959 086 7	2,943 832 9	2,928 708 6
5	3,538 792 4	3,517 231 3	3,495 882 3	3,474 742 7	3,453 809 8
6	4,025 536 5	3,997 549 8	3,969 874 0	3,942 504 6	3,915 437 2
7	4,457 238 5	4,422 610 4	4,388 409 7	4,354 629 6	4,321 263 4
8	4,840 122 9	4,798 770 3	4,757 977 6	4,717 735 3	4,678 033 8
9	5,179 709 9	5,131 655 1	5,084 307 0	5,037 652 2	4,991 678 1
10	5,480 895 7	5,426 243 5	5,372 456 5	5,319 517 4	5,267 409 3
11	5,748 022 8	5,686 941 1	5,626 893 1	5,567 856 7	5,509 810 4
12	5,984 942 6	5,917 647 0	5,851 561 3	5,786 657 9	5,722 910 2
13	6,195 071 0	6,121 811 5	6,049 943 7	5,979 434 3	5,910 250 7
14	6,381 437 7	6,302 488 1	6,225 115 9	6,149 281 3	6,074 945 7
15	6,546 729 7	6,462 378 8	6,379 793 3	6,298 926 3	6,219 732 5
16	6,693 330 1	6,603 875 1	6,516 373 7	6,430 772 0	6,347 017 6
17	6,823 352 6	6,729 093 0	6,636 974 6	6,546 935 7	6,458 916 5
18	6,938 672 0	6,839 905 3	6,743 465 4	6,649 282 6	6,557 289 3
19	7,040 950 7	6,937 969 3	6,837 497 1	6,739 456 0	6,643 770 8
20	7,131 663 6	7,024 751 6	6,920 527 2	6,818 904 0	6,719 798 5
21	7,212 118 5	7,101 550 1	6,993 843 0	6,888 902 2	6,786 636 0
22	7,283 475 4	7,169 513 3	7,058 581 0	6,950 574 6	6,845 394 3
23	7,346 763 1	7,229 657 8	7,115 744 8	7,004 911 5	6,897 050 0
24	7,402 894 1	7,282 883 0	7,166 220 6	7,052 785 5	6,942 461 5
25	7,452 677 7	7,329 985 0	7,210 790 8	7,094 965 2	6,982 383 7

n	14	14,25	14,50	14,75	15
1	0,877 193 0	0,875 273 5	0,873 362 4	0,871 459 7	0,869 565 2
2	1,646 660 5	1,641 377 3	1,636 124 4	1,630 901 7	1,625 708 9
3	2,321 632 0	2,311 927 6	2,302 292 0	2,292 724 8	2,283 225 1
4	2,913 712 3	2,898 842 5	2,884 097 9	2,869 476 9	2,854 978 4
5	3,433 081 0	3,412 553 6	3,392 225 2	3,372 093 2	3,352 155 1
6	3,888 667 5	3,862 191 4	3,836 004 5	3,810 103 0	3,784 482 7
7	4,288 304 8	4,255 747 4	4,223 584 8	4,191 810 9	4,160 419 7
8	4,638 863 9	4,600 216 5	4,562 082 8	4,524 453 9	4,487 321 5
9	4,946 371 8	4,901 721 2	4,857 714 2	4,814 338 9	4,771 583 9
10	5,216 115 6	5,165 620 3	5,115 907 6	5,066 962 0	5,018 768 6
11	5,452 733 0	5,396 604 2	5,341 404 0	5,287 112 9	5,233 711 8
12	5,660 292 1	5,598 778 3	5,538 344 1	5,478 965 5	5,420 619 0
13	5,842 361 5	5,775 736 0	5,710 344 2	5,646 157 3	5,583 147 0
14	6,002 071 5	5,930 622 3	5,860 562 6	5,791 858 2	5,724 475 6
15	6,142 168 0	6,066 190 2	5,991 757 8	5,918 830 7	5,847 370 1
16	6,265 059 6	6,184 849 2	6,106 338 6	6,029 482 1	5,954 234 9
17	6,372 859 3	6,288 708 2	6,206 409 3	6,125 910 3	6,047 160 8
18	6,467 420 5	6,379 613 3	6,293 807 2	6,209 943 6	6,127 965 9
19	6,550 368 8	6,459 180 2	6,370 137 3	6,283 175 3	6,198 231 2
20	6,623 130 6	6,528 822 9	6,436 801 2	6,346 993 7	6,259 331 5
21	6,686 956 6	6,589 779 3	6,495 022 9	6,402 608 9	6,312 462 2
22	6,742 944 4	6,643 132 9	6,545 871 5	6,451 075 3	6,358 662 7
23	6,792 056 5	6,689 831 9	6,590 280 8	6,493 311 8	6,398 837 2
24	6,835 137 3	6,730 706 2	6,629 066 2	6,530 119 2	6,433 771 4
25	6,872 927 4	6,766 482 5	6,662 939 9	6,562 195 4	6,464 149 0

Valeur actuelle d'une suite d'annuités de un franc versées en fin de période, pendant *n* périodes.

n	16	16,25	16,50	16,75	17
1	0,862 069	0,860 215	0,858 369	0,856 531	0,854 701
2	1,605 232	1,600 185	1,595 167	1,590 176	1,585 214
3	2,245 890	2,236 718	2,227 610	2,218 567	2,209 585
4	2,798 181	2,784 274	2,770 481	2,756 802	2,743 235
5	3,274 294	3,255 289	3,236 465	3,217 818	3,199 346
6	3,684 736	3,660 462	3,636 450	3,612 692	3,589 185
7	4,038 565	4,009 001	3,979 786	3,950 914	3,922 380
8	4,343 591	4,308 818	4,274 494	4,240 611	4,207 163
9	4,606 544	4,566 725	4,527 463	4,488 746	4,450 566
10	4,833 227	4,788 581	4,744 603	4,701 282	4,658 604

n	17,50	18	18,50	19	19,50
1	0,851 063	0,847 458	0,843 882	0,840 336	0,836 820
2	1,575 373	1,565 642	1,555 018	1,546 501	1,537 088
3	2,191 807	2,174 273	2,156 978	2,139 917	2,123 086
4	2,716 432	2,690 062	2,664 116	2,638 586	2,613 461
5	3,162 921	3,127 171	3,092 081	3,057 635	3,023 817
6	3,542 911	3,497 603	3,453 233	3,409 777	3,367 211
7	3,866 307	3,811 528	3,758 003	3,705 695	3,654 570
8	4,141 538	4,077 566	4,015 192	3,954 366	3,895 037
9	4,375 777	4,303 022	4,232 230	4,163 332	4,096 266
10	4,575 129	4,494 086	4,415 384	4,338 935	4,264 657

n	20	20,50	21	21,50	22
1	0,833 333	0,829 876	0,826 446	0,823 045	0,819 672
2	1,527 778	1,518 569	1,509 460	1,500 449	1,491 535
3	2,106 481	2,090 099	2,073 934	2,057 983	2,042 241
4	2,588 735	2,564 397	2,540 441	2,516 858	2,493 641
5	2,990 612	2,958 006	2,925 984	2,894 533	2,863 640
6	3,325 510	3,284 652	3,244 615	3,205 377	3,166 918
7	3,604 592	3,555 728	3,507 946	3,461 216	3,415 506
8	3,837 160	3,780 687	3,725 576	3,671 783	3,619 268
9	4,030 967	3,967 375	3,905 434	3,845 089	3,786 285
10	4,192 492	4,122 303	4,054 078	3,987 727	3,923 184

n	22,50	23	23,50	24	25
1	0,816 327	0,813 008	0,809 717	0,806 452	0,800 000
2	1,482 716	1,473 990	1,465 358	1,456 816	1,440 000
3	2,026 707	2,011 374	1,996 241	1,981 303	1,952 000
4	2,470 781	2,448 272	2,426 106	2,404 277	2,361 600
5	2,833 291	2,803 473	2,774 175	2,745 384	2,689 280
6	3,129 217	3,092 254	3,056 012	3,020 471	2,951 424
7	3,370 789	3,327 036	3,284 220	3,242 316	3,161 139
8	3,567 991	3,517 916	3,469 004	3,421 222	3,328 911
9	3,728 972	3,673 102	3,618 627	3,565 502	3,463 129
10	3,860 386	3,799 270	3,739 779	3,681 856	3,570 503

Table 5 $a = \frac{t}{1-(1+t)^{-n}}$

n	1,50	2	2,25	2,50	2,75
1	1,015 000 0	1,020 000 0	1,022 500 0	1,025 000 0	1,027 500 0
2	0,511 277 9	0,515 049 5	0,516 937 5	0,518 827 2	0,520 718 2
3	0,343 383 0	0,346 754 7	0,348 444 5	0,350 137 2	0,351 832 4
4	0,259 444 8	0,262 623 7	0,264 218 9	0,265 817 9	0,267 420 6
5	0,209 089 3	0,212 158 4	0,213 700 2	0,215 246 9	0,216 798 3
6	0,175 525 2	0,178 525 8	0,180 034 9	0,181 550 0	0,183 070 8
7	0,151 556 2	0,154 511 9	0,156 000 2	0,157 495 4	0,158 997 5
8	0,133 584 0	0,136 509 8	0,137 984 6	0,139 467 3	0,140 957 9
9	0,119 609 8	0,122 515 4	0,123 981 7	0,125 456 9	0,126 940 9
10	0,108 434 2	0,111 326 5	0,112 787 7	0,114 258 8	0,115 739 7
11	0,099 293 8	0,102 177 9	0,103 636 4	0,105 106 0	0,106 586 3
12	0,091 680 0	0,094 559 6	0,096 017 4	0,097 487 1	0,098 968 7
13	0,085 240 4	0,088 118 3	0,089 576 8	0,091 048 3	0,092 532 5
14	0,079 723 3	0,082 602 0	0,084 062 3	0,085 536 5	0,087 024 5
15	0,074 944 4	0,077 825 5	0,079 288 5	0,080 766 5	0,082 259 2
16	0,070 765 1	0,073 650 1	0,075 116 6	0,076 599 0	0,078 097 1
17	0,067 079 6	0,069 969 8	0,071 440 4	0,072 927 8	0,074 431 8
18	0,063 805 8	0,066 702 1	0,068 177 2	0,069 670 1	0,071 180 6
19	0,060 878 5	0,063 781 8	0,065 261 8	0,066 760 6	0,068 278 0
20	0,058 245 7	0,061 156 7	0,062 642 0	0,064 147 1	0,065 671 7
21	0,055 865 5	0,058 784 8	0,060 275 7	0,061 787 3	0,063 319 4
22	0,053 703 3	0,056 631 4	0,058 128 2	0,059 646 6	0,061 186 4
23	0,051 730 7	0,054 668 1	0,056 170 9	0,057 696 4	0,059 244 1
24	0,049 924 1	0,052 871 1	0,054 380 2	0,055 912 8	0,057 468 6
25	0,048 263 4	0,051 220 4	0,052 736 0	0,054 275 9	0,055 839 9
26	0,046 732 0	0,049 699 2	0,051 221 3	0,052 768 7	0,054 341 1
27	0,045 315 3	0,048 293 1	0,049 821 9	0,051 376 9	0,052 957 7
28	0,044 001 1	0,046 989 7	0,048 525 2	0,050 087 9	0,051 677 3
29	0,042 778 8	0,045 778 3	0,047 320 8	0,048 891 3	0,050 489 3
30	0,041 639 2	0,044 649 9	0,046 199 3	0,047 777 6	0,049 384 4
31	0,040 574 3	0,043 596 3	0,045 152 8	0,046 739 0	0,048 354 5
32	0,039 577 1	0,042 610 6	0,044 174 1	0,045 768 3	0,047 392 6
33	0,038 641 4	0,041 686 5	0,043 257 2	0,044 859 3	0,046 492 5
34	0,037 761 9	0,040 818 6	0,042 396 5	0,044 006 7	0,045 648 7
35	0,036 933 6	0,040 002 2	0,041 587 3	0,043 205 6	0,044 856 4
36	0,036 152 4	0,039 232 8	0,040 825 2	0,042 451 6	0,044 111 3
37	0,035 414 3	0,038 506 7	0,040 106 4	0,041 740 9	0,043 409 5
38	0,034 716 1	0,037 820 5	0,039 427 5	0,041 070 1	0,042 747 6
39	0,034 054 6	0,037 171 1	0,038 785 4	0,040 436 1	0,042 122 5
40	0,033 427 1	0,036 555 7	0,038 177 4	0,039 836 2	0,041 531 5
41	0,032 831 0	0,035 971 8	0,037 600 8	0,039 267 8	0,040 972 0
42	0,032 264 2	0,035 417 3	0,037 053 6	0,038 728 7	0,040 441 7
43	0,031 724 6	0,034 890 0	0,036 533 6	0,038 216 8	0,039 938 7
44	0,031 210 3	0,034 387 9	0,036 039 0	0,037 730 3	0,039 461 0
45	0,030 719 7	0,033 909 6	0,035 568 0	0,037 267 5	0,039 006 9
46	0,030 251 2	0,033 453 4	0,035 119 2	0,036 826 7	0,038 574 9
47	0,029 803 4	0,033 017 9	0,034 691 0	0,036 406 7	0,038 163 6
48	0,029 375 0	0,032 601 8	0,034 282 3	0,036 006 0	0,037 771 5
49	0,028 964 8	0,032 203 9	0,033 891 8	0,035 623 4	0,037 397 7
50	0,028 571 7	0,031 823 2	0,033 518 3	0,035 258 0	0,037 040 9

Valeur des annuités constantes qui amortissent en *n* périodes un capital de un franc.

n	3	3,25	3,50	3,75	4
1	1,030 000 0	1,032 500 0	1,035 000 0	1,037 500 0	1,040 000 0
2	0,522 610 8	0,524 504 9	0,526 400 5	0,528 297 5	0,530 196 1
3	0,353 530 4	0,355 230 9	0,356 934 2	0,358 640 0	0,360 348 5
4	0,269 027 0	0,270 637 2	0,272 251 1	0,273 868 7	0,275 490 0
5	0,218 354 6	0,219 915 6	0,221 481 4	0,223 051 9	0,224 627 1
6	0,184 597 5	0,186 130 0	0,187 668 2	0,189 212 2	0,190 761 9
7	0,160 506 3	0,162 022 0	0,163 544 5	0,165 073 7	0,166 609 6
8	0,142 456 4	0,143 962 6	0,145 476 6	0,146 998 4	0,148 527 8
9	0,128 433 9	0,129 935 5	0,131 446 0	0,132 965 2	0,134 493 0
10	0,117 230 5	0,118 731 1	0,120 241 4	0,121 761 3	0,123 290 9
11	0,108 077 4	0,109 579 4	0,111 092 0	0,112 615 2	0,114 149 0
12	0,100 462 1	0,101 967 2	0,103 483 9	0,105 012 3	0,106 552 2
13	0,094 029 5	0,095 539 2	0,097 061 6	0,098 596 4	0,100 143 7
14	0,088 526 3	0,090 041 8	0,091 570 7	0,093 113 2	0,094 669 0
15	0,083 766 6	0,085 288 6	0,086 825 1	0,088 376 0	0,089 941 1
16	0,079 610 8	0,081 140 1	0,082 684 8	0,084 244 8	0,085 820 0
17	0,075 952 5	0,077 489 7	0,079 043 1	0,080 612 8	0,082 198 5
18	0,072 708 7	0,074 254 1	0,075 816 8	0,077 396 6	0,078 993 3
19	0,069 813 9	0,071 368 0	0,072 940 3	0,074 530 6	0,076 138 6
20	0,067 215 8	0,068 778 9	0,070 361 1	0,071 962 1	0,073 581 7
21	0,064 871 8	0,066 444 2	0,068 036 6	0,069 648 6	0,071 280 1
22	0,062 747 4	0,064 329 4	0,065 932 1	0,067 555 3	0,069 198 8
23	0,060 813 9	0,062 405 5	0,064 018 8	0,065 653 4	0,067 309 1
24	0,059 047 4	0,060 648 9	0,062 272 8	0,063 918 9	0,065 586 8
25	0,057 427 9	0,059 039 3	0,060 674 0	0,062 331 7	0,064 012 0
26	0,055 938 3	0,057 559 8	0,059 205 4	0,060 874 7	0,062 567 4
27	0,054 564 2	0,056 195 9	0,057 852 4	0,059 533 4	0,061 238 5
28	0,053 293 2	0,054 935 1	0,056 602 6	0,058 295 4	0,060 013 0
29	0,052 114 7	0,053 766 8	0,055 445 4	0,057 149 9	0,058 879 9
30	0,051 019 3	0,052 681 7	0,054 371 3	0,056 087 6	0,057 830 1
31	0,049 999	0,051 671	0,053 372	0,055 100	0,056 855
32	0,049 046	0,050 729	0,052 441	0,054 181	0,055 949
33	0,048 156	0,049 849	0,051 572	0,053 323	0,055 104
34	0,047 322	0,049 025	0,050 759	0,052 522	0,054 315
35	0,046 539	0,048 253	0,049 998	0,051 773	0,053 577
36	0,045 803	0,047 528	0,049 284	0,051 070	0,052 887
37	0,045 111	0,046 846	0,048 613	0,050 411	0,052 240
38	0,044 459	0,046 204	0,047 982	0,049 791	0,051 632
39	0,043 843	0,045 599	0,047 387	0,049 208	0,051 061
40	0,043 262	0,045 027	0,046 827	0,048 659	0,050 523
41	0,042 712	0,044 488	0,046 298	0,048 141	0,050 017
42	0,042 191	0,043 977	0,045 798	0,047 652	0,049 540
43	0,041 698	0,043 494	0,045 325	0,047 191	0,049 090
44	0,041 229	0,043 035	0,044 877	0,046 754	0,048 665
45	0,040 785	0,042 601	0,044 453	0,046 340	0,048 262
46	0,040 362	0,042 188	0,044 051	0,045 949	0,047 882
47	0,039 900	0,041 796	0,043 669	0,045 578	0,047 522
48	0,039 577	0,041 423	0,043 306	0,045 226	0,047 181
49	0,039 213	0,041 068	0,042 961	0,044 892	0,046 857
50	0,038 865	0,040 730	0,042 633	0,044 574	0,046 550

Table 5

$$a = \frac{t}{1-(1+t)^{-n}}$$

n	4,25	4,50	4,75	5	5,25
1	1,042 500 0	1,045 000 0	1,047 500 0	1,050 000 0	1,052 500 0
2	0,532 096 1	0,533 997 6	0,535 900 5	0,537 804 9	0,539 710 7
3	0,362 059 6	0,363 773 4	0,365 489 7	0,367 208 6	0,368 930 0
4	0,277 115 0	0,278 743 6	0,280 375 9	0,282 011 8	0,283 651 4
5	0,226 207 0	0,227 791 6	0,229 380 9	0,230 974 8	0,232 573 3
6	0,192 317 3	0,193 878 4	0,195 445 1	0,197 017 5	0,198 595 4
7	0,168 152 2	0,169 701 5	0,171 257 3	0,172 819 8	0,174 388 8
8	0,150 064 9	0,151 609 6	0,153 162 0	0,154 721 8	0,156 289 2
9	0,136 029 4	0,137 574 5	0,139 128 0	0,140 690 1	0,142 260 6
10	0,124 830 1	0,126 378 8	0,127 937 0	0,129 504 6	0,131 081 5
11	0,115 693 4	0,117 248 2	0,118 813 4	0,120 388 9	0,121 974 7
12	0,108 103 5	0,109 666 2	0,111 240 2	0,112 825 4	0,114 421 8
13	0,101 703 4	0,103 275 3	0,104 859 5	0,106 455 8	0,108 064 0
14	0,096 238 1	0,097 820 3	0,099 415 6	0,101 024 0	0,102 645 2
15	0,091 520 4	0,093 113 8	0,094 721 1	0,096 342 3	0,097 977 1
16	0,087 410 2	0,089 015 4	0,090 635 3	0,092 269 9	0,093 919 0
17	0,083 800 2	0,085 417 6	0,087 050 6	0,088 699 1	0,090 363 0
18	0,080 606 8	0,082 236 9	0,083 883 4	0,085 546 2	0,087 225 1
19	0,077 764 3	0,079 407 3	0,081 067 7	0,082 745 0	0,084 439 2
20	0,075 219 8	0,076 876 1	0,078 550 5	0,080 242 6	0,081 952 3
21	0,072 930 8	0,074 600 6	0,076 289 1	0,077 996 1	0,079 721 4
22	0,070 862 3	0,072 545 6	0,074 248 5	0,075 970 5	0,077 711 5
23	0,068 985 5	0,070 682 5	0,072 399 7	0,074 136 8	0,075 893 6
24	0,067 276 3	0,068 987 0	0,070 718 7	0,072 470 9	0,074 243 4
25	0,065 714 5	0,067 439 0	0,069 185 1	0,070 952 5	0,072 740 7
26	0,064 283 1	0,066 021 4	0,067 781 9	0,069 564 3	0,071 368 2
27	0,062 967 4	0,064 719 5	0,066 494 4	0,068 291 9	0,070 111 3
28	0,061 754 9	0,063 520 8	0,065 310 2	0,067 122 5	0,068 957 4
29	0,060 635 0	0,062 414 6	0,064 218 3	0,066 045 5	0,067 895 8
30	0,059 598 2	0,061 391 5	0,063 209 5	0,065 051 4	0,066 916 9
31	0,058 636	0,060 443	0,062 275	0,064 132	0,066 012
32	0,057 742	0,059 563	0,061 409	0,063 280	0,065 175
33	0,056 910	0,058 745	0,060 604	0,062 490	0,064 400
34	0,056 134	0,057 982	0,059 855	0,061 755	0,063 680
35	0,055 410	0,057 270	0,059 157	0,061 072	0,063 011
36	0,054 732	0,056 606	0,058 506	0,060 434	0,062 387
37	0,054 097	0,055 984	0,057 898	0,059 840	0,061 807
38	0,053 502	0,055 402	0,057 329	0,059 284	0,061 265
39	0,052 943	0,054 856	0,056 796	0,058 765	0,060 759
40	0,052 418	0,054 343	0,056 296	0,058 278	0,060 286
41	0,051 924	0,053 862	0,055 827	0,057 822	0,059 843
42	0,051 459	0,053 409	0,055 387	0,057 395	0,059 429
43	0,051 020	0,052 982	0,054 973	0,056 993	0,059 040
44	0,050 607	0,052 581	0,054 584	0,056 616	0,058 675
45	0,050 216	0,052 202	0,054 217	0,056 262	0,058 333
46	0,049 847	0,051 845	0,053 872	0,055 928	0,058 011
47	0,049 498	0,051 507	0,053 546	0,055 614	0,057 709
48	0,049 168	0,051 189	0,053 239	0,055 318	0,057 425
49	0,048 856	0,050 887	0,052 948	0,055 040	0,057 157
50	0,048 560	0,050 602	0,052 674	0,054 777	0,056 906

Valeur des annuités constantes qui amortissent
en *n* périodes un capital de un franc.

n	5,50	5,75	6	6,25	6,50
1	1,055 000 0	1,057 500 0	1,060 000 0	1,062 500	1,065 000
2	0,541 618 0	0,543 526 7	0,545 436 9	0,547 348	0,549 261
3	0,370 654 1	0,372 380 7	0,374 109 8	0,375 841	0,377 576
4	0,285 294 5	0,286 941 2	0,288 591 5	0,290 245	0,291 903
5	0,234 176 4	0,235 784 1	0,237 396 4	0,239 013	0,240 635
6	0,200 178 9	0,201 768 0	0,203 362 6	0,204 962	0,206 568
7	0,175 964 4	0,177 546 5	0,179 135 0	0,180 729	0,182 332
8	0,157 864 0	0,159 446 3	0,161 035 9	0,162 632	0,164 237
9	0,143 839 5	0,145 426 7	0,147 022 2	0,148 626	0,150 238
10	0,132 667 8	0,134 263 3	0,135 868 0	0,137 481	0,139 105
11	0,123 570 6	0,125 176 8	0,126 792 9	0,128 419	0,130 055
12	0,116 029 2	0,117 647 7	0,119 277 0	0,120 917	0,122 568
13	0,109 684 3	0,111 316 3	0,112 960 1	0,114 615	0,116 283
14	0,104 279 1	0,105 925 7	0,107 584 9	0,109 256	0,110 940
15	0,099 625 6	0,101 287 5	0,102 962 8	0,104 651	0,106 353
16	0,095 582 5	0,097 260 3	0,098 952 1	0,100 657	0,102 378
17	0,092 042 0	0,093 736 0	0,095 444 8	0,097 168	0,098 906
18	0,088 919 9	0,090 630 5	0,092 356 5	0,094 097	0,095 855
19	0,086 150 0	0,087 877 3	0,089 620 9	0,091 380	0,093 156
20	0,083 679 3	0,085 423 5	0,087 184 6	0,088 962	0,090 756
21	0,081 464 8	0,083 225 9	0,085 004 5	0,086 800	0,088 613
22	0,079 471 2	0,081 249 3	0,083 045 6	0,084 859	0,086 691
23	0,077 669 6	0,079 464 7	0,081 278 5	0,083 110	0,084 961
24	0,076 035 8	0,077 847 8	0,079 679 0	0,081 529	0,083 398
25	0,074 549 3	0,076 378 2	0,078 226 7	0,080 094	0,081 981
26	0,073 193 1	0,075 038 6	0,076 904 3	0,078 789	0,080 695
27	0,071 952 3	0,073 814 4	0,075 697 2	0,077 600	0,079 523
28	0,070 814 4	0,072 692 9	0,074 592 5	0,076 512	0,078 453
29	0,069 768 6	0,071 663 3	0,073 579 6	0,075 516	0,077 474
30	0,068 805 4	0,070 716 2	0,072 648 9	0,074 602	0,076 577
31	0,067 917	0,069 843	0,071 792	0,073 762	0,075 753
32	0,067 095	0,069 037	0,071 002	0,072 988	0,074 996
33	0,066 335	0,068 292	0,070 273	0,072 275	0,074 299
34	0,065 630	0,067 602	0,069 598	0,071 616	0,073 656
35	0,064 975	0,066 962	0,068 974	0,071 007	0,073 062
36	0,064 366	0,066 368	0,068 395	0,070 443	0,072 513
37	0,063 800	0,065 816	0,067 857	0,069 920	0,072 005
38	0,063 272	0,065 303	0,067 358	0,069 435	0,071 534
39	0,062 780	0,064 825	0,066 894	0,068 985	0,071 098
40	0,062 320	0,064 379	0,066 462	0,068 566	0,070 693
41	0,061 891	0,063 962	0,066 059	0,068 177	0,070 317
42	0,061 489	0,063 574	0,065 683	0,067 815	0,069 968
43	0,061 113	0,063 211	0,065 333	0,067 477	0,069 643
44	0,060 761	0,062 871	0,065 006	0,067 162	0,069 341
45	0,060 431	0,062 554	0,064 701	0,066 869	0,069 059
46	0,060 122	0,062 256	0,064 415	0,066 595	0,068 797
47	0,059 831	0,061 977	0,064 148	0,066 369	0,068 553
48	0,059 559	0,061 716	0,063 898	0,066 100	0,068 325
49	0,059 302	0,061 471	0,063 664	0,065 877	0,068 112
50	0,059 061	0,061 241	0,063 444	0,065 669	0,067 914

Table 5

$$a = \frac{t}{1-(1+t)^{-n}}$$

n	6,75	7	7,25	7,50	7,75
1	1,067 500	1,070 000	1,072 500	1,075 000	1,077 500
2	0,551 175	0,553 092	0,555 009	0,556 928	0,558 848
3	0,379 312	0,381 052	0,382 793	0,384 538	0,386 284
4	0,293 563	0,295 228	0,296 896	0,298 568	0,300 242
5	0,242 200	0,243 891	0,245 525	0,247 165	0,248 808
6	0,208 179	0,209 796	0,211 417	0,213 045	0,214 677
7	0,183 939	0,185 553	0,187 173	0,188 800	0,190 433
8	0,165 848	0,167 468	0,169 093	0,170 727	0,172 367
9	0,151 858	0,153 486	0,155 122	0,156 767	0,158 419
10	0,140 736	0,142 377	0,144 027	0,145 686	0,147 353
11	0,131 701	0,133 357	0,135 022	0,136 697	0,138 382
12	0,124 229	0,125 902	0,127 584	0,129 278	0,130 981
13	0,117 962	0,119 651	0,121 351	0,123 064	0,124 788
14	0,112 636	0,114 345	0,116 065	0,117 797	0,119 541
15	0,108 067	0,109 795	0,111 534	0,113 287	0,115 052
16	0,104 110	0,105 858	0,107 617	0,109 391	0,111 178
17	0,100 658	0,102 425	0,104 205	0,106 000	0,107 808
18	0,097 626	0,099 413	0,101 213	0,103 029	0,104 859
19	0,094 946	0,096 753	0,098 574	0,100 411	0,102 262
20	0,092 566	0,094 393	0,096 234	0,098 092	0,099 965
21	0,090 442	0,092 289	0,094 151	0,096 029	0,097 923
22	0,088 540	0,090 406	0,092 288	0,094 187	0,096 102
23	0,086 828	0,088 714	0,090 616	0,092 535	0,094 471
24	0,085 284	0,087 189	0,089 111	0,091 050	0,093 006
25	0,083 886	0,085 811	0,087 751	0,089 711	0,091 686
26	0,082 618	0,084 561	0,086 521	0,088 500	0,090 495
27	0,081 464	0,083 426	0,085 404	0,087 402	0,089 417
28	0,080 412	0,082 392	0,084 389	0,086 405	0,088 438
29	0,079 451	0,081 449	0,083 464	0,085 498	0,087 550
30	0,078 572	0,080 586	0,082 619	0,084 671	0,086 741
31	0,077 765	0,079 796	0,081 847	0,083 916	0,086 003
32	0,077 024	0,079 072	0,081 140	0,083 225	0,085 330
33	0,076 343	0,078 408	0,080 491	0,082 593	0,084 714
34	0,075 716	0,077 796	0,079 896	0,082 014	0,084 151
35	0,075 138	0,077 233	0,079 349	0,081 482	0,083 635
36	0,074 604	0,076 715	0,078 845	0,080 994	0,083 161
37	0,074 111	0,076 236	0,078 381	0,080 545	0,082 726
38	0,073 654	0,075 795	0,077 954	0,080 131	0,082 327
39	0,073 232	0,075 386	0,077 559	0,079 751	0,081 960
40	0,072 841	0,075 009	0,077 195	0,079 400	0,081 622
41	0,072 478	0,074 659	0,076 859	0,079 076	0,081 311
42	0,072 142	0,074 335	0,076 548	0,078 777	0,081 024
43	0,071 829	0,074 035	0,076 260	0,078 502	0,080 760
44	0,071 539	0,073 757	0,075 993	0,078 247	0,080 517
45	0,071 270	0,073 499	0,075 747	0,078 011	0,080 292
46	0,071 019	0,073 259	0,075 518	0,077 793	0,080 084
47	0,070 785	0,073 037	0,075 306	0,077 591	0,079 893
48	0,070 568	0,072 830	0,075 109	0,077 405	0,079 716
49	0,070 366	0,072 638	0,074 927	0,077 234	0,079 552
50	0,070 177	0,072 459	0,074 758	0,077 072	0,079 401

Valeur des annuités constantes qui amortissent en *n* périodes un capital de un franc.

n	8	8,25	8,50	8,75	9
1	1,080 000	1,082 500	1,085 000	1,087 500	1,090 000
2	0,560 769	0,562 692	0,564 616	0,566 542	0,568 469
3	0,388 034	0,389 785	0,391 539	0,393 296	0,395 055
4	0,301 921	0,303 603	0,305 288	0,306 977	0,308 669
5	0,250 456	0,252 109	0,253 766	0,255 427	0,257 092
6	0,216 315	0,217 959	0,219 607	0,221 261	0,222 920
7	0,192 072	0,193 718	0,195 369	0,197 027	0,198 691
8	0,174 015	0,175 669	0,177 331	0,178 999	0,180 674
9	0,160 080	0,161 748	0,163 424	0,165 107	0,166 799
10	0,149 029	0,150 714	0,152 408	0,154 110	0,155 820
11	0,140 076	0,141 780	0,143 493	0,145 215	0,146 947
12	0,132 695	0,134 419	0,136 153	0,137 897	0,139 651
13	0,126 522	0,128 267	0,130 023	0,131 789	0,133 567
14	0,121 297	0,123 064	0,124 842	0,126 632	0,128 433
15	0,116 830	0,118 619	0,120 420	0,122 234	0,124 059
16	0,112 977	0,114 789	0,116 614	0,118 451	0,120 300
17	0,109 629	0,111 464	0,113 312	0,115 173	0,117 046
18	0,106 702	0,108 559	0,110 430	0,112 315	0,114 212
19	0,104 128	0,106 007	0,107 901	0,109 809	0,111 730
20	0,101 852	0,103 754	0,105 671	0,107 602	0,109 546
21	0,099 832	0,101 756	0,103 695	0,105 649	0,107 617
22	0,098 032	0,099 978	0,101 939	0,103 915	0,105 905
23	0,096 422	0,098 389	0,100 372	0,102 370	0,104 382
24	0,094 978	0,096 966	0,098 970	0,100 989	0,103 023
25	0,093 679	0,095 687	0,097 712	0,099 751	0,101 806
26	0,092 507	0,094 536	0,096 580	0,098 640	0,100 715
27	0,091 448	0,093 496	0,095 560	0,097 640	0,099 735
28	0,090 489	0,092 556	0,094 639	0,096 738	0,098 852
29	0,089 619	0,091 704	0,093 806	0,095 923	0,098 056
30	0,088 827	0,090 931	0,093 051	0,095 186	0,097 336
31	0,088 107	0,090 228	0,092 365	0,094 518	0,096 686
32	0,087 451	0,089 589	0,091 742	0,093 912	0,096 096
33	0,086 852	0,089 006	0,091 176	0,093 361	0,095 562
34	0,086 304	0,088 474	0,090 660	0,092 861	0,095 077
35	0,085 803	0,087 988	0,090 189	0,092 405	0,094 636
36	0,085 345	0,087 545	0,089 760	0,091 990	0,094 235
37	0,084 924	0,087 138	0,089 368	0,091 612	0,093 870
38	0,084 539	0,086 767	0,089 010	0,091 267	0,093 538
39	0,084 185	0,086 426	0,088 682	0,090 952	0,093 236
40	0,083 860	0,086 114	0,088 382	0,090 664	0,092 960
41	0,083 561	0,085 827	0,088 107	0,090 401	0,092 708
42	0,083 287	0,085 564	0,087 856	0,090 161	0,092 478
43	0,083 034	0,085 323	0,087 625	0,089 941	0,092 268
44	0,082 802	0,085 101	0,087 414	0,089 739	0,092 077
45	0,082 587	0,084 897	0,087 220	0,089 555	0,091 902
46	0,082 390	0,084 709	0,087 042	0,089 386	0,091 742
47	0,082 208	0,084 537	0,086 878	0,089 231	0,091 595
48	0,082 040	0,084 378	0,086 728	0,089 089	0,091 461
49	0,081 886	0,084 232	0,086 590	0,088 959	0,091 339
50	0,081 743	0,084 097	0,086 463	0,088 840	0,091 227

Table 5 $a = \frac{t}{1-(1+t)^{-n}}$

n	9,25	9,50	9,75	10
1	1,092 500	1,095 000	1,097 500	1,100 000
2	0,570 397	0,572 327	0,574 258	0,576 190
3	0,396 816	0,398 580	0,400 346	0,402 115
4	0,310 364	0,312 063	0,313 765	0,315 471
5	0,258 762	0,260 436	0,262 115	0,263 797
6	0,224 584	0,226 253	0,227 928	0,229 607
7	0,200 360	0,202 036	0,203 718	0,205 405
8	0,182 357	0,184 046	0,185 741	0,187 444
9	0,168 498	0,170 205	0,171 919	0,173 641
10	0,157 539	0,159 266	0,161 002	0,162 745
11	0,148 687	0,150 437	0,152 196	0,153 963
12	0,141 414	0,143 188	0,144 971	0,146 763
13	0,135 354	0,137 152	0,138 960	0,140 779
14	0,130 245	0,132 068	0,133 902	0,135 746
15	0,125 896	0,127 744	0,129 603	0,131 474
16	0,122 161	0,124 035	0,125 920	0,127 817
17	0,118 932	0,120 831	0,122 741	0,124 664
18	0,116 123	0,118 046	0,119 982	0,121 930
19	0,113 665	0,115 613	0,117 574	0,119 547
20	0,111 505	0,113 477	0,115 462	0,117 460
21	0,109 598	0,111 594	0,113 602	0,115 624
22	0,107 909	0,109 928	0,111 960	0,114 005
23	0,106 409	0,108 449	0,110 504	0,112 572
24	0,105 071	0,107 134	0,109 210	0,111 300
25	0,103 876	0,105 959	0,108 057	0,110 168
26	0,102 805	0,104 909	0,107 027	0,109 159
27	0,101 845	0,103 969	0,106 106	0,108 258
28	0,100 981	0,103 124	0,105 281	0,107 451
29	0,100 203	0,102 364	0,104 540	0,106 728
30	0,099 501	0,101 681	0,103 873	0,106 079
31	0,098 868	0,101 064	0,103 274	0,105 496
32	0,098 295	0,100 507	0,102 733	0,104 972
33	0,097 776	0,100 004	0,102 246	0,104 499
34	0,097 306	0,099 549	0,101 805	0,104 074
35	0,096 880	0,099 138	0,101 408	0,103 690
36	0,096 493	0,098 764	0,101 048	0,103 343
37	0,096 142	0,098 426	0,100 722	0,103 030
38	0,095 822	0,098 119	0,100 427	0,102 747
39	0,095 532	0,097 840	0,100 160	0,102 491
40	0,095 267	0,097 587	0,099 918	0,102 259
41	0,095 027	0,097 357	0,099 698	0,102 050
42	0,094 808	0,097 148	0,099 499	0,101 860
43	0,094 608	0,096 958	0,099 318	0,101 688
44	0,094 426	0,096 785	0,099 154	0,101 532
45	0,094 259	0,096 627	0,099 005	0,101 391
46	0,094 108	0,096 484	0,098 869	0,101 263
47	0,093 970	0,096 353	0,098 746	0,101 147
48	0,093 843	0,096 234	0,098 634	0,101 041
49	0,093 728	0,096 126	0,098 532	0,100 946
50	0,093 623	0,096 027	0,098 440	0,100 859

Valeur des annuités constantes qui amortissent en *n* périodes un capital de un franc.

n	10,25	10,50	10,75	11	11,25
1	1,102 500 0	1,105 000 0	1,107 000 0	1,110 000 0	1,112 500 0
2	0,578 124 3	0,580 059 4	0,581 995 8	0,583 933 6	0,585 872 8
3	0,403 885 8	0,405 659 2	0,407 435 0	0,409 213 1	0,410 993 5
4	0,317 179 7	0,318 892 0	0,320 607 6	0,322 326 4	0,324 048 5
5	0,265 484 4	0,267 175 5	0,268 870 8	0,270 570 3	0,272 274 0
6	0,231 292 1	0,232 981 9	0,234 676 7	0,236 376 6	0,238 081 4
7	0,207 099 1	0,208 798 7	0,210 504 1	0,212 215 3	0,213 932 3
8	0,189 153 3	0,190 869 3	0,192 591 9	0,194 321 1	0,196 056 8
9	0,175 369 8	0,177 106 4	0,178 850 4	0,180 601 7	0,182 360 2
10	0,164 497 3	0,166 257 3	0,168 025 4	0,169 801 4	0,171 585 4
11	0,155 739 5	0,157 524 7	0,159 318 6	0,161 121 0	0,162 932 0
12	0,148 565 3	0,150 376 7	0,152 197 4	0,154 027 3	0,155 866 2
13	0,142 606 9	0,144 445 1	0,146 293 2	0,148 151 0	0,150 018 4
14	0,137 601 2	0,139 466 6	0,141 342 3	0,143 228 2	0,145 124 2
15	0,133 355 4	0,135 248 0	0,137 151 3	0,139 065 2	0,140 989 6
16	0,129 724 9	0,131 644 4	0,133 575 1	0,135 516 7	0,137 469 2
17	0,126 598 7	0,128 544 9	0,130 502 5	0,132 471 5	0,134 451 6
18	0,123 890 6	0,125 863 0	0,127 847 2	0,129 842 9	0,131 849 9
19	0,121 532 7	0,123 530 7	0,125 540 7	0,127 562 5	0,129 595 9
20	0,119 470 2	0,121 493 3	0,123 528 5	0,125 575 6	0,127 634 5
21	0,117 659 2	0,119 706 5	0,121 766 2	0,123 837 9	0,125 921 4
22	0,116 063 3	0,118 134 3	0,120 217 6	0,122 313 1	0,124 420 4
23	0,114 652 8	0,116 746 6	0,118 852 8	0,120 971 2	0,123 101 4
24	0,113 402 8	0,115 518 6	0,117 646 8	0,119 787 2	0,121 939 4
25	0,112 292 3	0,114 429 3	0,116 578 7	0,118 740 2	0,120 913 5

n	11,50	11,75	12	12,25	12,50
1	1,115 000 0	1,117 500 0	1,120 000 0	1,122 500 0	1,125 000 0
2	0,587 813 2	0,589 755 0	0,591 698 1	0,593 642 5	0,595 588 2
3	0,412 776 4	0,414 561 5	0,416 349 0	0,418 138 8	0,419 930 9
4	0,325 773 9	0,327 502 5	0,329 234 4	0,330 969 6	0,332 707 9
5	0,273 981 8	0,275 693 7	0,277 409 7	0,279 129 9	0,280 854 0
6	0,239 791 2	0,241 506 0	0,243 225 7	0,244 950 3	0,246 679 8
7	0,215 655 0	0,217 383 5	0,219 117 7	0,220 857 6	0,222 603 1
8	0,197 799 0	0,199 547 7	0,201 302 8	0,203 064 3	0,204 832 2
9	0,184 126 0	0,185 898 9	0,187 678 9	0,189 465 9	0,191 260 0
10	0,173 377 2	0,175 176 8	0,176 984 2	0,178 799 2	0,180 621 8
11	0,164 751 4	0,166 579 3	0,168 415 4	0,170 259 8	0,172 112 3
12	0,157 714 2	0,159 571 1	0,161 436 8	0,163 311 3	0,165 194 3
13	0,151 895 3	0,153 781 6	0,155 677 2	0,157 582 0	0,159 495 8
14	0,147 030 1	0,148 945 8	0,150 871 2	0,152 806 3	0,154 750 7
15	0,142 924 4	0,144 869 3	0,146 824 2	0,148 789 1	0,150 763 8
16	0,139 432 4	0,141 406 0	0,143 390 0	0,145 384 2	0,147 388 4
17	0,136 442 6	0,138 444 4	0,140 456 7	0,142 479 5	0,144 512 5
18	0,133 868 2	0,135 897 4	0,137 937 3	0,139 987 8	0,142 048 7
19	0,131 640 5	0,133 696 3	0,135 763 0	0,137 840 4	0,139 928 2
20	0,129 704 8	0,131 786 3	0,133 878 8	0,135 982 0	0,138 095 7
21	0,128 016 5	0,130 122 8	0,132 240 1	0,134 368 1	0,136 506 7
22	0,126 539 3	0,128 669 4	0,130 810 5	0,132 962 3	0,135 124 6
23	0,125 243 1	0,127 396 1	0,129 560 0	0,131 734 5	0,133 919 4
24	0,124 103 0	0,126 277 8	0,128 463 4	0,130 659 6	0,132 866 0
25	0,123 098 0	0,125 293 6	0,127 500 0	0,129 716 7	0,131 943 4

Table 5 $a = \frac{t}{1-(1+t)^{-n}}$

n	12,75	13	13,25	13,50	13,75
1	1,127 500 0	1,130 000 0	1,132 500 0	1,135 000 0	1,137 500 0
2	0,597 535 3	0,599 483 6	0,601 433 2	0,603 384 1	0,605 336 3
3	0,421 725 3	0,423 522 0	0,425 320 9	0,427 122 2	0,428 925 7
4	0,334 449 5	0,336 194 2	0,337 942 1	0,339 693 2	0,341 447 4
5	0,282 582 3	0,284 314 5	0,286 050 8	0,287 791 1	0,289 535 3
6	0,248 414 1	0,250 153 2	0,251 897 2	0,253 645 9	0,225 399 3
7	0,224 354 2	0,226 110 8	0,227 873 0	0,229 640 7	0,231 413 8
8	0,206 606 3	0,208 386 7	0,210 173 3	0,211 966 1	0,213 765 0
9	0,193 061 0	0,194 868 9	0,196 683 6	0,198 505 2	0,200 333 4
10	0,182 451 9	0,184 289 6	0,186 134 6	0,187 987 0	0,189 846 6
11	0,173 972 9	0,175 841 5	0,177 718 0	0,179 602 3	0,181 494 4
12	0,167 086 0	0,168 986 1	0,170 894 6	0,172 811 3	0,174 736 3
13	0,161 418 6	0,163 350 3	0,165 290 8	0,167 239 9	0,169 197 6
14	0,156 704 5	0,158 667 5	0,160 639 6	0,162 620 6	0,164 610 5
15	0,152 748 0	0,154 741 8	0,156 744 9	0,158 757 2	0,160 778 6
16	0,149 402 5	0,151 426 2	0,153 459 6	0,155 502 3	0,157 554 3
17	0,146 555 5	0,148 608 4	0,150 671 1	0,152 743 2	0,154 824 7
18	0,144 119 8	0,146 200 9	0,148 291 7	0,150 392 2	0,152 502 0
19	0,142 026 3	0,144 134 4	0,146 252 3	0,148 379 9	0,150 516 9
20	0,140 219 7	0,142 353 8	0,144 497 7	0,146 651 1	0,148 814 0
21	0,138 655 5	0,140 814 3	0,142 982 9	0,145 161 0	0,147 348 4
22	0,137 297 1	0,139 479 5	0,141 671 5	0,143 873 0	0,146 083 6
23	0,136 114 4	0,138 319 1	0,140 533 4	0,142 757 0	0,144 989 5
24	0,135 082 3	0,137 308 3	0,139 543 6	0,141 788 0	0,144 041 1
25	0,134 180 0	0,136 425 9	0,138 681 0	0,140 945 0	0,143 217 6

n	14	14,25	14,50	14,75	15
1	1,140 000 0	1,142 500 0	1,145 000 0	1,147 500 0	1,150 000 0
2	0,607 289 7	0,609 244 5	0,611 200 5	0,613 157 7	0,615 116 3
3	0,430 731 5	0,432 539 5	0,434 349 9	0,436 162 2	0,437 977 0
4	0,343 204 8	0,344 965 3	0,346 728 9	0,348 495 6	0,350 265 4
5	0,291 283 5	0,293 035 7	0,294 791 7	0,296 551 7	0,298 315 6
6	0,257 157 5	0,258 920 4	0,260 687 9	0,262 460 1	0,264 236 9
7	0,233 192 4	0,234 976 4	0,236 765 7	0,238 560 4	0,240 360 4
8	0,215 570 0	0,217 381 1	0,219 198 1	0,221 021 1	0,222 850 1
9	0,202 168 4	0,204 010 0	0,205 858 1	0,207 712 8	0,209 574 0
10	0,191 713 5	0,193 587 6	0,195 468 7	0,197 356 9	0,199 252 1
11	0,183 394 3	0,185 301 7	0,187 216 7	0,189 139 1	0,191 069 0
12	0,176 669 3	0,178 610 4	0,180 559 4	0,182 516 2	0,184 480 8
13	0,171 163 7	0,173 138 1	0,175 120 8	0,177 111 6	0,179 110 5
14	0,166 609 1	0,168 616 4	0,170 632 1	0,172 656 2	0,174 688 5
15	0,162 809 0	0,164 848 1	0,166 895 9	0,168 952 3	0,171 017 1
16	0,159 615 4	0,161 685 4	0,163 764 3	0,165 851 7	0,167 947 7
17	0,156 915 4	0,159 015 2	0,161 123 8	0,163 241 0	0,165 366 9
18	0,154 621 2	0,156 749 3	0,158 886 3	0,161 032 1	0,163 186 3
19	0,152 663 2	0,154 818 4	0,156 982 5	0,159 155 2	0,161 336 4
20	0,150 986 0	0,153 167 0	0,155 356 7	0,157 554 9	0,159 761 5
21	0,149 544 9	0,151 750 1	0,153 964 0	0,156 186 3	0,158 416 8
22	0,148 303 2	0,150 531 4	0,152 768 0	0,155 012 9	0,157 265 8
23	0,147 230 8	0,149 480 6	0,151 738 5	0,154 004 6	0,156 278 4
24	0,146 302 8	0,148 572 8	0,150 850 8	0,153 136 6	0,155 429 8
25	0,145 498 4	0,147 787 3	0,150 083 9	0,152 388 0	0,154 699 4

Valeur des annuités constantes qui amortissent en *n* périodes un capital de un franc.

n \ t	16	16,25	16,50	16,75	17
1	1,160 000	1,162 500	1,165 000	1,167 500	1,170 000
2	0,622 963	0,624 928	0,626 894	0,628 861	0,630 829
3	0,445 258	0,447 084	0,448 911	0,450 741	0,452 574
4	0,357 375	0,359 160	0,360 948	0,362 739	0,364 533
5	0,305 409	0,307 192	0,308 979	0,310 770	0,312 564
6	0,271 390	0,273 189	0,274 993	0,276 802	0,278 615
7	0,247 613	0,249 439	0,251 270	0,253 100	0,254 947
8	0,230 224	0,232 082	0,233 946	0,235 815	0,237 690
9	0,217 082	0,218 975	0,220 874	0,222 779	0,224 691
10	0,206 901	0,208 830	0,210 766	0,212 708	0,214 657

n \ t	17,50	18	18,50	19	19,50
1	1,175 000	1,180 000	1,185 000	1,190 000	1,195 000
2	0,634 770	0,638 716	0,642 666	0,646 621	0,650 581
3	0,456 245	0,459 924	0,463 612	0,467 308	0,471 012
4	0,368 130	0,371 739	0,375 359	0,378 991	0,382 634
5	0,316 163	0,319 778	0,323 407	0,327 050	0,330 708
6	0,282 254	0,285 910	0,289 584	0,293 274	0,296 982
7	0,258 645	0,262 362	0,266 099	0,269 855	0,273 630
8	0,241 456	0,245 244	0,249 054	0,252 885	0,256 737
9	0,228 531	0,232 395	0,236 282	0,240 192	0,244 125
10	0,218 573	0,222 515	0,226 480	0,230 471	0,234 485

n \ t	20	20,50	21	21,50	22
1	1,200 000	1,205 000	1,210 000	1,215 000	1,220 000
2	0,654 545	0,658 515	0,662 489	0,666 467	0,670 450
3	0,474 725	0,478 446	0,482 175	0,485 913	0,489 658
4	0,386 289	0,389 955	0,393 632	0,397 321	0,401 020
5	0,334 380	0,338 066	0,341 765	0,345 479	0,349 206
6	0,300 705	0,304 446	0,308 203	0,311 976	0,315 764
7	0,277 424	0,281 236	0,285 067	0,288 916	0,292 782
8	0,260 609	0,264 502	0,268 415	0,272 347	0,276 299
9	0,248 079	0,252 056	0,256 053	0,260 072	0,264 111
10	0,238 523	0,242 583	0,246 665	0,250 769	0,254 895

n \ t	22,50	23	23,50	24	25
1	1,225 000	1,230 000	1,235 000	1,240 000	1,250 000
2	0,674 438	0,678 430	0,682 427	0,686 429	0,694 444
3	0,493 411	0,497 173	0,500 942	0,504 718	0,512 295
4	0,404 730	0,408 451	0,412 183	0,415 926	0,423 442
5	0,352 947	0,356 700	0,360 468	0,364 248	0,371 847
6	0,319 569	0,323 389	0,327 224	0,331 074	0,838 819
7	0,296 666	0,300 568	0,304 486	0,308 422	0,316 342
8	0,280 270	0,284 259	0,288 267	0,292 293	0,300 399
9	0,268 170	0,272 249	0,276 348	0,280 465	0,288 756
10	0,259 041	0,263 208	0,267 395	0,271 602	0,280 073

Table 6

Taux annuels %	1 mois	2 mois	3 mois	4 mois	5 mois	6 mois	7 mois	8 mois	9 mois	10 mois	11 mois	12 mois	Taux annuels %
1,50	1,001 24	1,002 48	1,003 73	1,004 97	1,006 22	1,007 47	1,008 72	1,009 97	1,011 23	1,012 49	1,013 74	1,015 00	**1,50**
2	1,001 65	1,003 31	1,004 96	1,006 62	1,008 29	1,009 95	1,011 62	1,013 29	1,014 96	1,016 64	1,018 32	1,020 00	**2**
2,25	1,001 85	1,003 71	1,005 58	1,007 44	1,009 32	1,011 19	1,013 06	1,014 94	1,016 83	1,018 72	1,020 61	1,022 50	**2,25**
2,50	1,002 06	1,004 12	1,006 19	1,008 26	1,010 34	1,012 42	1,014 51	1,016 60	1,018 69	1,020 79	1,022 89	1,025 00	**2,50**
2,75	1,002 26	1,004 53	1,006 81	1,009 08	1,011 37	1,013 66	1,015 95	1,018 25	1,020 56	1,022 87	1,025 18	1,027 50	**2,75**
3	1,002 47	1,004 94	1,007 42	1,009 90	1,012 39	1,014 89	1,017 39	1,019 90	1,022 42	1,024 94	1,027 48	1,030 00	**3**
3,25	1,002 67	1,005 34	1,008 03	1,010 72	1,013 42	1,016 12	1,018 83	1,021 55	1,024 28	1,027 01	1,029 75	1,032 50	**3,25**
3,50	1,002 87	1,005 75	1,008 64	1,011 53	1,014 44	1,017 35	1,020 27	1,023 20	1,026 14	1,029 08	1,032 04	1,035 00	**3,50**
3,75	1,003 07	1,006 15	1,009 25	1,012 35	1,015 46	1,018 58	1,021 71	1,024 85	1,028 00	1,031 15	1,034 32	1,037 50	**3,75**
4	1,003 27	1,006 56	1,009 85	1,013 16	1,016 48	1,019 80	1,023 14	1,026 49	1,029 85	1,033 22	1,036 61	1,040 00	**4**
4,25	1,003 47	1,006 96	1,010 46	1,013 97	1,017 49	1,021 03	1,024 58	1,028 14	1,031 71	1,035 29	1,038 89	1,042 50	**4,25**
4,50	1,003 67	1,007 36	1,011 06	1,014 78	1,018 51	1,022 25	1,026 01	1,029 78	1,033 56	1,037 36	1,041 17	1,045 00	**4,50**
4,75	1,003 87	1,007 76	1,011 67	1,015 59	1,019 52	1,023 47	1,027 44	1,031 42	1,035 42	1,039 43	1,043 46	1,047 50	**4,75**
5	1,004 07	1,008 16	1,012 27	1,016 40	1,020 54	1,024 70	1,028 87	1,033 06	1,037 27	1,041 50	1,045 74	1,050 00	**5**
5,25	1,004 27	1,008 56	1,012 87	1,017 20	1,021 55	1,025 92	1,030 30	1,034 70	1,039 12	1,043 56	1,048 02	1,052 50	**5,25**
5,50	1,004 47	1,008 96	1,013 48	1,018 01	1,022 56	1,027 13	1,031 73	1,036 34	1,040 97	1,045 63	1,050 30	1,055 00	**5,50**
5,75	1,004 67	1,009 36	1,014 08	1,018 82	1,023 57	1,028 35	1,033 15	1,037 98	1,042 82	1,047 69	1,052 58	1,057 50	**5,75**
6	1,004 87	1,009 76	1,014 67	1,019 61	1,024 58	1,029 56	1,034 57	1,039 61	1,044 67	1,049 76	1,054 87	1,060 00	**6**

Valeur acquise par un capital de un franc placé à intérêts composés pendant un certain nombre de mois.

Taux annuels %	1 mois	2 mois	3 mois	4 mois	5 mois	6 mois	7 mois	8 mois	9 mois	10 mois	11 mois	12 mois	Taux annuels %
6,25	1,005 06	1,010 15	1,015 27	1,020 41	1,025 58	1,030 78	1,036 00	1,041 24	1,046 52	1,051 82	1,057 15	1,062 50	**6,25**
6,50	1,005 26	1,010 55	1,015 87	1,021 21	1,026 59	1,031 99	1,037 42	1,042 88	1,048 36	1,053 88	1,059 43	1,065 00	**6,50**
6,75	1,005 46	1,010 95	1,016 46	1,022 01	1,027 59	1,033 20	1,038 84	1,044 51	1,050 21	1,055 94	1,061 71	1,067 50	**6,75**
7	1,005 65	1,011 34	1,017 06	1,022 81	1,028 59	1,034 41	1,040 26	1,046 14	1,052 05	1,058 00	1,064 00	1,070 00	**7**
7,25	1,005 85	1,011 73	1,017 65	1,023 61	1,029 59	1,035 62	1,041 67	1,047 77	1,053 90	1,060 06	1,066 26	1,072 50	**7,25**
7,50	1,006 04	1,012 13	1,018 24	1,024 40	1,030 59	1,036 82	1,043 09	1,049 39	1,055 74	1,062 12	1,068 54	1,075 00	**7,50**
7,75	1,006 24	1,012 52	1,018 84	1,025 19	1,031 59	1,038 03	1,044 50	1,051 02	1,057 58	1,064 18	1,070 82	1,077 50	**7,75**
8	1,006 43	1,012 91	1,019 43	1,025 99	1,032 59	1,039 23	1,045 92	1,052 65	1,059 42	1,066 24	1,073 10	1,080 00	**8**
8,25	1,006 63	1,013 30	1,020 02	1,026 78	1,033 58	1,040 43	1,047 33	1,054 27	1,061 26	1,068 29	1,075 37	1,082 50	**8,25**
8,50	1,006 82	1,013 69	1,020 60	1,027 57	1,034 58	1,041 63	1,048 74	1,055 89	1,063 10	1,070 35	1,077 65	1,085 00	**8,50**
8,75	1,007 01	1,014 08	1,021 19	1,028 36	1,035 57	1,042 83	1,050 15	1,057 51	1,064 93	1,072 40	1,079 92	1,087 50	**8,75**
9	1,007 21	1,014 47	1,021 78	1,029 14	1,036 56	1,044 03	1,051 56	1,059 13	1,066 77	1,074 46	1,082 20	1,090 00	**9**
9,25	1,007 40	1,014 85	1,022 36	1,029 93	1,037 55	1,045 23	1,053 43	1,061 29	1,069 21	1,077 19	1,085 23	1,092 50	**9,25**
9,50	1,007 59	1,015 24	1,022 95	1,030 71	1,038 54	1,046 42	1,054 37	1,062 37	1,070 44	1,078 56	1,086 75	1,095 00	**9,50**
9,75	1,007 78	1,015 63	1,023 53	1,031 50	1,039 53	1,047 62	1,055 77	1,063 99	1,072 27	1,080 61	1,089 02	1,097 50	**9,75**
10	1,007 97	1,016 01	1,024 11	1,032 28	1,040 51	1,048 81	1,057 17	1,065 60	1,074 10	1,082 66	1,091 30	1,100 00	**10**

Table 6

Taux annuels %	1 mois	2 mois	3 mois	4 mois	5 mois	6 mois	7 mois	8 mois	9 mois	10 mois	11 mois	12 mois	Taux annuels %
10,25	1,008 16	1,016 40	1,024 70	1,033 06	1,041 50	1,050 00	1,058 57	1,067 22	1,075 93	1,084 71	1,093 57	1,102 50	**10,25**
10,50	1,008 36	1,016 78	1,025 28	1,033 84	1,042 48	1,051 19	1,059 97	1,068 83	1,077 76	1,086 76	1,095 84	1,105 00	**10,50**
10,75	1,008 55	1,017 16	1,025 85	1,034 62	1,043 46	1,052 38	1,061 37	1,070 44	1,079 59	1,088 81	1,098 12	1,107 50	**10,75**
11	1,008 73	1,017 55	1,026 43	1,035 40	1,044 44	1,053 57	1,062 77	1,072 05	1,081 41	1,090 86	1,100 39	1,110 00	**11**
11,25	1,008 92	1,017 93	1,027 01	1,036 18	1,045 42	1,054 75	1,064 16	1,073 66	1,083 24	1,092 91	1,102 66	1,112 50	**11,25**
11,50	1,009 11	1,018 31	1,027 59	1,036 95	1,046 40	1,055 94	1,065 56	1,075 27	1,085 07	1,094 95	1,104 93	1,115 00	**11,50**
11,75	1,009 30	1,018 69	1,028 16	1,037 73	1,047 38	1,057 12	1,066 95	1,076 87	1,086 89	1,097 00	1,107 20	1,117 50	**11,75**
12	1,009 49	1,019 07	1,028 74	1,038 50	1,048 35	1,058 30	1,068 34	1,078 48	1,088 71	1,099 04	1,109 47	1,120 00	**12**
12,25	1,009 68	1,019 45	1,029 31	1,039 27	1,049 33	1,059 48	1,069 73	1,080 08	1,090 54	1,101 09	1,111 74	1,122 50	**12,25**
12,50	1,009 86	1,019 82	1,029 88	1,040 04	1,050 30	1,060 66	1,071 12	1,081 69	1,092 36	1,103 13	1,114 01	1,125 00	**12,50**
12,75	1,010 05	1,020 20	1,030 46	1,040 81	1,051 27	1,061 84	1,072 51	1,083 29	1,094 18	1,105 17	1,116 28	1,127 50	**12,75**
13	1,010 24	1,020 58	1,031 03	1,041 58	1,052 24	1,063 01	1,073 90	1,084 89	1,096 00	1,107 22	1,118 55	1,130 00	**13**
13,25	1,010 42	1,020 95	1,031 60	1,042 35	1,053 21	1,064 19	1,075 28	1,086 49	1,097 81	1,109 26	1,120 82	1,132 50	**13,25**
13,50	1,010 61	1,021 33	1,032 16	1,043 11	1,054 18	1,065 36	1,076 67	1,088 09	1,099 63	1,111 30	1,123 09	1,135 00	**13,50**
13,75	1,010 79	1,021 70	1,032 73	1,043 88	1,055 15	1,066 54	1,078 05	1,089 68	1,101 45	1,113 34	1,125 35	1,137 50	**13,75**
14	1,010 98	1,022 08	1,033 30	1,044 64	1,056 11	1,067 71	1,079 43	1,091 28	1,103 26	1,115 37	1,127 62	1,140 00	**14**

Valeur acquise par un capital de un franc placé à intérêts composés pendant un certain nombre de mois.

Taux annuels %	1 mois	2 mois	3 mois	4 mois	5 mois	6 mois	7 mois	8 mois	9 mois	10 mois	11 mois	12 mois	Taux annuels %
14,25	1,011 16	1,022 45	1,033 87	1,045 41	1,057 08	1,068 88	1,080 81	1,092 88	1,105 08	1,117 41	1,129 89	1,142 50	**14,25**
14,50	1,011 35	1,022 82	1,034 43	1,046 17	1,058 04	1,070 05	1,082 19	1,094 47	1,106 89	1,119 45	1,132 16	1,145 00	**14,50**
14,75	1,011 53	1,023 20	1,034 99	1,046 93	1,059 00	1,071 21	1,083 57	1,096 06	1,108 70	1,121 49	1,134 42	1,147 50	**14,75**
15	1,011 71	1,023 57	1,035 56	1,047 69	1,059 96	1,072 38	1,084 94	1,097 65	1,110 51	1,123 52	1,136 68	1,150 00	**15**
16	1,012 445	1,025 045	1,037 802	1,050 718	1,063 794	1,077 033	1,090 437	1,104 007	1,117 747	1,131 657	1,145 741	1,600 000	**16**
17	1,013 170	1,026 513	1,040 031	1,053 728	1,067 605	1,081 665	1,095 910	1,110 343	1,124 966	1,139 781	1,154 792	1,170 000	**17**
18	1,013 888	1,027 970	1,042 247	1,056 722	1,071 398	1,086 278	1,101 365	1,116 661	1,132 170	1,147 894	1,163 836	1,180 000	**18**
19	1,014 602	1,029 417	1,044 448	1,059 699	1,075 172	1,090 871	1,106 800	1,122 961	1,139 358	1,155 995	1,172 874	1,190 000	**19**
20	1,015 309	1,030 853	1,046 635	1,062 659	1,078 927	1,095 445	1,112 216	1,129 243	1,146 531	1,164 084	1,181 906	1,200 000	**20**
21	1,016 012	1,032 280	1,048 809	1,065 602	1,082 665	1,100 000	1,117 613	1,135 508	1,153 690	1,172 162	1,190 931	1,210 000	**21**
22	1,016 709	1,033 697	1,050 969	1,068 530	1,086 384	1,104 536	1,122 992	1,141 756	1,160 833	1,180 230	1,199 950	1,220 000	**22**
23	1,017 401	1,035 104	1,053 116	1,071 441	1,090 085	1,109 054	1,128 352	1,147 986	1,167 962	1,188 286	1,208 963	1,230 000	**23**
24	1,018 088	1,036 502	1,055 250	1,074 337	1,093 769	1,113 553	1,133 694	1,154 200	1,175 077	1,196 331	1,217 970	1,240 000	**24**
25	1,018 769	1,037 891	1,057 371	1,077 217	1,097 436	1,118 034	1,139 019	1,160 397	1,182 177	1,204 366	1,226 971	1,250 000	**25**

Table 7 $P(\mathcal{B}_{n\,;\,p} = k) = C_n^k p^k (1 - p)^{n-k}$

n	k \ p	0,01	0,05	0,10	0,15
	0	0,980 1	0,902 5	0,810 0	0,722 5
2	1	0,019 8	0,095 0	0,180 0	0,255 0
	2	0,000 1	0,002 5	0,010 0	0,022 5
	0	0,970 3	0,857 4	0,729 0	0,614 1
	1	0,029 4	0,135 4	0,243 0	0,325 1
3	2	0,000 3	0,007 1	0,027 0	0,057 4
	3		0,000 1	0,001 0	0,003 4
	0	0,960 6	0,814 5	0,656 1	0,522 0
	1	0,038 8	0,171 5	0,291 6	0,368 5
4	2	0,000 6	0,013 5	0,048 6	0,097 5
	3		0,000 5	0,003 6	0,011 5
	4			0,000 1	0,000 5
	0	0,951 0	0,773 8	0,590 5	0,443 7
	1	0,048 0	0,203 6	0,328 0	0,391 5
	2	0,001 0	0,021 5	0,072 9	0,138 2
5	3		0,001 1	0,008 1	0,024 4
	4			0,000 5	0,002 1
	5				0,000 1
	0	0,941 5	0,735 1	0,531 4	0,377 2
	1	0,057 1	0,232 1	0,354 3	0,399 3
	2	0,001 4	0,030 5	0,098 4	0,176 2
6	3		0,002 2	0,014 6	0,041 4
	4		0,000 1	0,001 2	0,005 5
	5			0,000 1	0,000 4
	6				
	0	0,932 1	0,698 3	0,478 3	0,320 6
	1	0,065 9	0,257 3	0,372 0	0,396 0
	2	0,002 0	0,040 6	0,124 0	0,209 6
7	3		0,003 6	0,023 0	0,061 7
	4		0,000 2	0,002 5	0,010 9
	5			0,000 2	0,001 1
	6				0,000 1
	7				
	0	0,922 7	0,663 4	0,430 5	0,272 5
	1	0,074 6	0,279 3	0,382 6	0,384 7
	2	0,002 6	0,051 5	0,148 8	0,237 6
	3	0,000 1	0,005 4	0,033 1	0,083 9
8	4		0,000 4	0,004 6	0,018 5
	5			0,000 4	0,002 6
	6				0,000 2
	7				
	8				
	0	0,913 5	0,630 3	0,387 4	0,231 6
	1	0,083 0	0,298 5	0,387 4	0,367 9
	2	0,003 4	0,062 9	0,172 2	0,259 7
	3	0,000 1	0,007 7	0,044 7	0,106 9
	4		0,000 6	0,007 4	0,028 3
9	5			0,000 8	0,005 0
	6			0,000 1	0,000 6
	7				
	8				
	9				

A l'intersection de la ligne $k = 2$ pour $n = 3$
et de la colonne $p = 0,25$. On lit $P(\mathcal{B}_{3\,;\,0,25} = 2) = 0,1406$

n	k \ p	0,20	0,25	0,30	0,40	0,50
	0	0,640 0	0,562 5	0,490 0	0,360 0	0,250 0
2	1	0,320 0	0,375 0	0,420 0	0,480 0	0,500 0
	2	0,040 0	0,062 5	0,090 0	0,160 0	0,250 0
	0	0,512 0	0,421 9	0,343 0	0,216 0	0,125 0
	1	0,384 0	0,421 9	0,441 0	0,432 0	0,375 0
3	2	0,096 0	0,140 6	0,189 0	0,288 0	0,375 0
	3	0,008 0	0,015 6	0,027 0	0,064 0	0,125 0
	0	0,409 6	0,316 4	0,240 1	0,129 6	0,062 5
	1	0,409 6	0,421 9	0,411 6	0,345 6	0,250 0
4	2	0,153 6	0,210 9	0,264 6	0,345 6	0,375 0
	3	0,025 6	0,046 9	0,075 6	0,153 6	0,250 0
	4	0,001 6	0,003 9	0,008 1	0,025 6	0,062 5
	0	0,327 7	0,237 3	0,168 1	0,077 8	0,031 2
	1	0,409 6	0,395 5	0,360 2	0,259 2	0,156 3
	2	0,204 8	0,263 7	0,308 7	0,345 6	0,312 5
5	3	0,051 2	0,087 9	0,132 3	0,230 4	0,312 5
	4	0,006 4	0,014 6	0,028 3	0,076 8	0,156 2
	5	0,000 3	0,001 0	0,002 4	0,010 2	0,031 3
	0	0,262 1	0,178 0	0,117 7	0,046 7	0,015 6
	1	0,393 2	0,356 0	0,302 5	0,186 6	0,093 7
	2	0,245 8	0,296 6	0,324 2	0,311 0	0,234 4
6	3	0,081 9	0,131 8	0,185 2	0,276 5	0,312 5
	4	0,015 4	0,033 0	0,059 5	0,138 2	0,234 4
	5	0,001 5	0,004 4	0,010 2	0,036 9	0,093 8
	6	0,000 1	0,000 2	0,000 7	0,004 1	0,015 6
	0	0,209 7	0,133 5	0,082 4	0,028 0	0,007 8
	1	0,367 0	0,311 4	0,247 1	0,130 7	0,054 7
	2	0,275 2	0,311 5	0,317 6	0,261 3	0,164 1
7	3	0,114 7	0,173 0	0,226 9	0,290 3	0,273 4
	4	0,028 7	0,057 7	0,097 2	0,193 5	0,273 4
	5	0,004 3	0,011 5	0,025 0	0,077 4	0,164 1
	6	0,000 4	0,001 3	0,003 6	0,017 2	0,054 7
	7		0,000 1	0,000 2	0,001 6	0,007 8
	0	0,167 8	0,100 1	0,057 7	0,016 8	0,003 9
	1	0,335 5	0,267 0	0,197 6	0,089 6	0,031 3
	2	0,293 6	0,311 5	0,296 5	0,209 0	0,109 4
	3	0,146 8	0,207 6	0,254 1	0,278 7	0,218 7
8	4	0,045 9	0,086 5	0,136 1	0,232 2	0,273 4
	5	0,009 2	0,023 1	0,046 7	0,123 8	0,218 8
	6	0,001 1	0,003 8	0,010 0	0,041 3	0,109 4
	7	0,000 1	0,000 4	0,001 2	0,007 9	0,031 2
	8			0,000 1	0,000 7	0,003 9
	0	0,134 2	0,075 1	0,040 4	0,010 1	0,001 9
	1	0,302 0	0,225 3	0,155 7	0,060 5	0,017 6
	2	0,302 0	0,300 3	0,266 8	0,161 3	0,070 3
	3	0,176 2	0,233 6	0,266 8	0,250 8	0,164 1
9	4	0,066 1	0,116 8	0,171 5	0,250 8	0,246 1
	5	0,016 5	0,038 9	0,073 5	0,167 2	0,246 1
	6	0,002 7	0,008 7	0,021 0	0,074 3	0,164 1
	7	0,000 3	0,001 2	0,003 9	0,021 2	0,070 3
	8		0,000 1	0,000 4	0,003 5	0,017 6
	9				0,000 3	0,001 9

Table 7 $P(\mathcal{B}_{n;p} = k) = C_n^k p^k (1-p)^{n-k}$

n	k \ p	0,01	0,05	0,10	0,15
	0	0,904 4	0,598 7	0,348 7	0,196 9
	1	0,091 4	0,315 1	0,387 4	0,347 4
	2	0,004 1	0,074 6	0,193 7	0,275 9
	3	0,000 1	0,010 5	0,057 4	0,129 8
	4		0,001 0	0,011 2	0,040 1
10	5		0,000 1	0,001 5	0,008 5
	6			0,000 1	0,001 3
	7				0,000 1
	8				
	9				
	10				
	0	0,860 1	0,463 3	0,205 9	0,087 4
	1	0,130 3	0,365 8	0,343 2	0,231 2
	2	0,009 2	0,134 7	0,266 9	0,285 7
	3	0,000 4	0,030 7	0,128 5	0,218 4
	4		0,004 8	0,042 8	0,115 6
	5		0,000 6	0,010 5	0,044 9
	6		0,000 1	0,001 9	0,013 2
15	7			0,000 3	0,003 0
	8				0,000 5
	9				0,000 1
	10				
	11				
	12				
	13				
	14				
	15				
	0	0,817 9	0,358 5	0,121 6	0,038 8
	1	0,165 2	0,377 4	0,270 2	0,136 8
	2	0,015 9	0,188 7	0,285 2	0,229 3
	3	0,001 0	0,059 6	0,190 1	0,242 8
	4		0,013 3	0,089 8	0,182 1
	5		0,002 2	0,031 9	0,102 9
	6		0,000 3	0,008 9	0,045 4
	7			0,002 0	0,016 0
	8			0,000 3	0,004 6
	9				0,001 1
20	10				0,000 2
	11				
	12				
	13				
	14				
	15				
	16				
	17				
	18				
	19				
	20				

n	k \ p	0,20	0,25	0,30	0,40	0,50
10	0	0,107 4	0,056 3	0,028 3	0,006 0	0,001 0
	1	0,268 4	0,187 7	0,121 1	0,040 3	0,009 7
	2	0,302 0	0,281 6	0,233 5	0,120 9	0,043 9
	3	0,201 3	0,250 3	0,266 8	0,215 0	0,117 2
	4	0,088 1	0,146 0	0,200 1	0,250 8	0,205 1
	5	0,026 4	0,058 4	0,102 9	0,200 7	0,246 1
	6	0,005 5	0,016 2	0,036 8	0,111 5	0,205 1
	7	0,000 8	0,003 1	0,009 0	0,042 5	0,117 2
	8	0,000 1	0,000 4	0,001 4	0,010 6	0,043 9
	9			0,000 1	0,001 6	0,009 8
	10				0,000 1	0,001 0
15	0	0,035 2	0,013 4	0,004 8	0,000 5	
	1	0,131 9	0,066 8	0,030 5	0,004 7	0,000 5
	2	0,230 9	0,155 9	0,091 6	0,021 9	0,003 2
	3	0,250 1	0,225 2	0,170 0	0,063 4	0,013 9
	4	0,187 6	0,225 2	0,218 6	0,126 8	0,041 7
	5	0,103 2	0,165 1	0,206 1	0,185 9	0,091 6
	6	0,043 0	0,091 8	0,147 2	0,206 6	0,152 7
	7	0,013 8	0,039 3	0,081 1	0,177 1	0,196 4
	8	0,003 5	0,013 1	0,034 8	0,118 1	0,196 4
	9	0,000 7	0,003 4	0,011 6	0,061 2	0,152 7
	10	0,000 1	0,000 7	0,003 0	0,024 5	0,091 6
	11		0,000 1	0,000 6	0,007 4	0,041 7
	12			0,000 1	0,001 7	0,013 9
	13				0,000 2	0,003 2
	14					0,000 5
	15					
20	0	0,011 5	0,003 2	0,000 8		
	1	0,057 6	0,021 1	0,006 8	0,000 5	
	2	0,136 9	0,067 0	0,027 9	0,003 1	0,000 2
	3	0,205 4	0,133 9	0,071 6	0,012 3	0,001 1
	4	0,218 2	0,189 7	0,130 4	0,035 0	0,004 6
	5	0,174 6	0,202 3	0,178 9	0,074 7	0,014 8
	6	0,109 1	0,168 6	0,191 6	0,124 4	0,037 0
	7	0,054 5	0,112 4	0,164 3	0,165 9	0,073 9
	8	0,022 2	0,060 9	0,114 4	0,179 7	0,120 1
	9	0,007 4	0,027 1	0,065 4	0,159 7	0,160 2
	10	0,002 0	0,009 9	0,030 8	0,117 1	0,176 2
	11	0,000 5	0,003 0	0,012 0	0,071 0	0,160 2
	12	0,000 1	0,000 7	0,003 9	0,035 5	0,120 1
	13		0,000 2	0,001 0	0,014 6	0,073 9
	14			0,000 2	0,004 9	0,037 0
	15				0,001 3	0,014 8
	16				0,000 3	0,004 6
	17					0,001 1
	18					0,000 2
	19					
	20					

Table 7 $P(\mathcal{B}_{n\,;\,p} = k) = C_n^k p^k (1 - p)^{n-}$

n	k \ p	0,01	0,05	0,10	0,15
	0	0,669 0	0,128 5	0,014 8	0,001 5
	1	0,270 3	0,270 5	0,065 7	0,010 6
	2	0,053 2	0,277 7	0,142 3	0,036 5
	3	0,006 8	0,185 1	0,200 3	0,081 6
	4	0,000 6	0,090 1	0,205 9	0,133 1
	5	0,000 1	0,034 2	0,164 7	0,169 2
	6		0,010 5	0,106 8	0,174 1
	7		0,002 7	0,057 6	0,149 3
	8		0,000 6	0,026 4	0,108 7
	9		0,000 1	0,010 4	0,068 2
	10			0,003 6	0,037 3
	11			0,001 1	0,017 9
	12			0,000 3	0,007 7
	13			0,000 1	0,002 9
	14				0,001 0
	15				0,000 3
	16				0,000 1
	17				
	18				
	19				
40	20				
	21				
	22				
	23				
	24				
	25				
	26				
	27				
	28				
	29				
	30				
	31				
	32				
	33				
	34				
	35				

n	k \ p	0,20	0,25	0,30	0,40	0,50
	0	0,000 1				
	1	0,001 3	0,000 1			
	2	0,006 5	0,000 9	0,000 1		
	3	0,020 5	0,003 7	0,000 5		
	4	0,047 4	0,011 4	0,002 0		
	5	0,085 4	0,027 2	0,006 0	0,000 1	
	6	0,124 6	0,053 0	0,015 1	0,000 4	
	7	0,151 3	0,085 7	0,031 5	0,001 5	
	8	0,156 0	0,117 9	0,055 7	0,004 0	0,000 1
	9	0,138 6	0,139 7	0,084 9	0,009 5	0,000 2
	10	0,107 4	0,144 4	0,112 8	0,019 6	0,000 8
	11	0,073 3	0,131 2	0,131 9	0,035 7	0,002 1
	12	0,044 3	0,105 7	0,136 6	0,057 6	0,005 1
	13	0,023 8	0,075 9	0,126 1	0,082 6	0,010 9
	14	0,011 5	0,048 8	0,104 2	0,106 3	0,021 1
	15	0,005 0	0,028 2	0,077 4	0,122 8	0,036 6
	16	0,002 0	0,014 7	0,051 8	0,127 9	0,057 2
	17	0,000 7	0,006 9	0,031 4	0,120 4	0,080 7
	18	0,000 2	0,003 0	0,017 2	0,102 6	0,103 1
	19	0,000 1	0,001 1	0,008 5	0,079 2	0,119 4
40	20		0,000 4	0,003 8	0,055 4	0,125 4
	21		0,000 1	0,001 6	0,035 2	0,119 4
	22			0,000 6	0,020 3	0,103 1
	23			0,000 2	0,010 6	0,080 7
	24			0,000 1	0,005 0	0,057 2
	25				0,002 1	0,036 6
	26				0,000 8	0,021 1
	27				0,000 3	0,010 9
	28				0,000 1	0,005 1
	29					0,002 1
	30					0,000 8
	31					0,000 2
	32					0,000 1
	33					
	34					
	35					

Table 7 bis $P(\mathcal{B}_{n;\,p} \leq k) = \sum_{i=0}^{i=k} C_n^i p^i (1-p)^{n-i}$

n	k \ p	0,01	0,05	0,10	0,15
	0	0,980 1	0,902 5	0,810 0	0,722 5
2	1	0,999 9	0,997 5	0,990 0	0,977 5
	2	1,000 0	1,000 0	1,000 0	1,000 0
	0	0,970 3	0,857 4	0,729 0	0,614 1
3	1	0,999 7	0,992 8	0,972 0	0,939 2
	2	1,000 0	0,999 9	0,999 0	0,996 6
	3		1,000 0	1,000 0	1,000 0
	0	0,960 6	0,814 5	0,656 1	0,522 0
	1	0,999 4	0,986 0	0,947 7	0,890 5
4	2	1,000 0	0,999 5	0,996 3	0,988 0
	3		1,000 0	0,999 9	0,999 5
	4			1,000 0	1,000 0
	0	0,951 0	0,773 8	0,590 5	0,443 7
	1	0,999 0	0,977 4	0,918 5	0,835 2
5	2	1,000 0	0,998 9	0,991 4	0,973 4
	3		1,000 0	0,999 5	0,997 8
	4			1,000 0	0,999 9
	5				1,000 0
	0	0,941 5	0,735 1	0,531 4	0,377 2
	1	0,998 6	0,967 2	0,885 7	0,776 5
	2	1,000 0	0,997 7	0,984 1	0,952 7
6	3		0,999 9	0,998 7	0,994 1
	4		1,000 0	0,999 9	0,999 6
	5			1,000 0	1,000 0
	6				
	0	0,932 1	0,698 3	0,478 3	0,320 6
	1	0,998 0	0,955 6	0,850 3	0,716 6
	2	1,000 0	0,996 2	0,974 3	0,926 2
7	3		0,999 8	0,997 3	0,987 9
	4		1,000 0	0,999 8	0,998 8
	5			1,000 0	0,999 9
	6				1,000 0
	7				
	0	0,922 7	0,663 4	0,430 5	0,272 5
	1	0,997 3	0,942 7	0,813 1	0,657 2
	2	0,999 9	0,994 2	0,961 9	0,894 8
	3	1,000 0	0,999 6	0,995 0	0,978 7
8	4		1,000 0	0,999 6	0,997 2
	5			1,000 0	0,999 8
	6				1,000 0
	7				
	8				
	0	0,913 5	0,630 3	0,387 4	0,231 6
	1	0,996 5	0,928 8	0,774 8	0,599 5
	2	0,999 9	0,991 7	0,947 0	0,859 2
	3	1,000 0	0,999 4	0,991 7	0,966 1
	4		1,000 0	0,999 1	0,994 4
9	5			0,999 9	0,999 4
	6			1,000 0	1,000 0
	7				
	8				
	9				

A l'intersection de la ligne 1 pour $n = 4$
et de la colonne 0,30, on lit $P(\mathcal{B}_{4\,;\,0,3} \leq 1) = 0{,}6517$

n	k \ p	0,20	0,25	0,30	0,40	0,50
	0	0,640 0	0,562 5	0,490 0	0,360 0	0,250 0
2	1	0,960 0	0,937 5	0,910 0	0,840 0	0,750 0
	2	1,000 0	1,000 0	1,000 0	1,000 0	1,000 0
	0	0,512 0	0,421 9	0,343 0	0,216 0	0,125 0
3	1	0,896 0	0,843 8	0,784 0	0,648 0	0,500 0
	2	0,992 0	0,984 4	0,973 0	0,936 0	0,875 0
	3	1,000 0	1,000 0	1,000 0	1,000 0	1,000 0
	0	0,409 6	0,316 4	0,240 1	0,129 6	0,062 5
	1	0,819 2	0,738 3	0,651 7	0,475 2	0,312 5
4	2	0,972 8	0,949 2	0,916 3	0,820 8	0,687 5
	3	0,998 4	0,996 1	0,991 9	0,974 4	0,937 5
	4	1,000 0	1,000 0	1,000 0	1,000 0	1,000 0
	0	0,327 7	0,237 3	0,168 1	0,077 8	0,031 2
	1	0,737 3	0,632 8	0,528 3	0,337 0	0,187 5
5	2	0,942 1	0,896 5	0,837 0	0,682 6	0,500 0
	3	0,993 3	0,984 4	0,969 3	0,913 0	0,812 5
	4	0,999 7	0,999 0	0,997 6	0,989 8	0,968 7
	5	1 000 0	1 000 0	1 000 0	1 000 0	1 000 0
	0	0,262 1	0,178 0	0,117 7	0,046 7	0,015 6
	1	0,655 3	0,534 0	0,420 2	0,233 3	0,109 3
	2	0,901 1	0,830 6	0,744 4	0,544 3	0,343 7
6	3	0,983 0	0,962 4	0,929 6	0,820 8	0,656 2
	4	0,998 4	0,995 4	0,989 1	0,959 0	0,890 6
	5	0,999 9	0,999 8	0,999 3	0,995 9	0,984 4
	6	1 000 0	1 000 0	1 000 0	1 000 0	1 000 0
	0	0,209 7	0,133 5	0,082 4	0,028 0	0,007 8
	1	0,576 7	0,444 9	0,329 5	0,158 7	0,062 5
	2	0,851 9	0,756 4	0,647 1	0,420 0	0,226 6
7	3	0,966 6	0,929 4	0,874 0	0,710 3	0,500 0
	4	0,995 3	0,987 1	0,971 2	0,903 8	0,773 4
	5	0,999 6	0,998 6	0,996 2	0,981 2	0,937 5
	6	1 000 0	0,999 9	0,999 8	0,998 4	0,992 2
	7		1 000 0	1 000 0	1 000 0	1 000 0
	0	0,167 8	0,101 0	0,057 7	0,016 8	0,003 9
	1	0,503 3	0,367 1	0,255 3	0,106 4	0,035 2
	2	0,796 9	0,678 6	0,551 8	0,315 4	0,144 6
	3	0,943 7	0,886 2	0,805 9	0,594 1	0,363 3
8	4	0,989 6	0,972 7	0,942 0	0,826 3	0,636 7
	5	0,998 8	0,995 8	0,988 7	0,950 1	0,855 5
	6	0,999 9	0,999 6	0,998 7	0,991 4	0,964 9
	7	1 000 0	1 000 0	0,999 9	0,999 3	0,996 1
	8			1 000 0	1 000 0	1 000 0
	0	0,134 2	0,075 1	0,040 4	0,010 1	0,001 9
	1	0,436 2	0,300 4	0,196 1	0,070 6	0,019 5
	2	0,738 2	0,600 7	0,462 9	0,231 9	0,089 8
	3	0,914 4	0,834 3	0,729 7	0,482 7	0,253 9
	4	0,980 5	0,951 1	0,901 2	0,733 5	0,500 0
9	5	0,997 0	0,990 0	0,974 7	0,900 7	0,746 1
	6	0,999 7	0,998 7	0,995 7	0,975 0	0,910 2
	7	1 000 0	0,999 9	0,999 6	0,996 2	0,980 5
	8		1 000 0	1 000 0	0,999 7	0,998 1
	9				1 000 0	1 000 0

Table 7 bis $P(\mathcal{B}_{n;\,p} \leq k) = \sum_{i=0}^{i=k} C_n^i p^i (1-p)^{n-i}$

n	k \ p	0,01	0,05	0,10	0,15
10	0	0,904 4	0,598 7	0,348 7	0,196 9
	1	0,995 8	0,913 8	0,736 1	0,544 3
	2	0,999 9	0,988 4	0,929 8	0,820 2
	3	1,000 0	0,998 9	0,987 2	0,950 0
	4		0,999 9	0,998 4	0,990 1
	5		1,000 0	0,999 9	0,998 6
	6			1,000 0	0,999 9
	7				1,000 0
	8				
	9				
	10				
15	0	0,860 1	0,463 3	0,205 9	0,087 4
	1	0,990 4	0,829 1	0,549 1	0,318 6
	2	0,999 6	0,963 8	0,816 0	0,604 3
	3	1,000 0	0,994 5	0,944 5	0,822 7
	4		0,999 3	0,987 3	0,938 3
	5		0,999 9	0,997 8	0,983 2
	6		1,000 0	0,999 7	0,996 4
	7			1,000 0	0,999 4
	8				0,999 9
	9				1,000 0
	10				
	11				
	12				
	13				
	14				
20	0	0,817 9	0,358 5	0,121 6	0,038 8
	1	0,983 1	0,735 9	0,391 8	0,175 6
	2	0,999 0	0,924 6	0,677 0	0,404 9
	3	1,000 0	0,984 2	0,867 1	0,647 7
	4		0,997 5	0,956 9	0,829 8
	5		0,999 7	0,988 8	0,932 7
	6		1,000 0	0,997 7	0,978 1
	7			0,999 7	0,994 1
	8			1,000 0	0,998 7
	9				0,999 8
	10				1,000 0
	11				
	12				
	13				
	14				
	15				
	16				
	17				
	18				

n	k \ p	0,20	0,25	0,30	0,40	0,50
10	**0**	0,107 4	0,056 3	0,028 3	0,006 0	0,001 0
	1	0,375 8	0,244 0	0,149 4	0,046 3	0,010 7
	2	0,677 8	0,525 6	0,382 9	0,167 2	0,054 6
	3	0,879 1	0,775 9	0,649 7	0,382 2	0,171 8
	4	0,967 2	0,921 9	0,849 8	0,633 0	0,376 9
	5	0,993 6	0,980 3	0,952 7	0,833 7	0,623 0
	6	0,999 1	0,996 5	0,989 5	0,945 2	0,828 1
	7	0,999 9	0,999 6	0,998 5	0,987 7	0,945 3
	8	1,000 0	1,000 0	0,999 9	0,998 3	0,989 2
	9			1,000 0	0,999 9	0,999 0
	10				1,000 0	1,000 0
15	**0**	0,035 2	0,013 4	0,004 8	0,000 5	0,000 0
	1	0,167 1	0,080 2	0,035 3	0,005 2	0,000 5
	2	0,398 0	0,236 1	0,126 9	0,027 1	0,003 7
	3	0,648 1	0,461 3	0,296 9	0,090 5	0,017 6
	4	0,835 7	0,686 5	0,515 5	0,217 3	0,059 3
	5	0,938 9	0,851 6	0,721 6	0,403 2	0,150 9
	6	0,981 9	0,943 4	0,868 8	0,609 8	0,303 6
	7	0,995 7	0,982 7	0,949 9	0,786 9	0,500 0
	8	0,999 2	0,995 8	0,984 7	0,905 0	0,696 4
	9	0,999 9	0,999 2	0,996 3	0,966 2	0,849 1
	10	1,000 0	0,999 9	0,999 3	0,990 7	0,940 7
	11		1,000 0	0,999 9	0,998 1	0,982 4
	12			1,000 0	0,999 8	0,996 3
	13				1,000 0	0,999 5
	14					1,000 0
20	**0**	0,011 5	0,003 2	0,000 8	0	0
	1	0,069 1	0,024 3	0,007 6	0,000 5	0
	2	0,206 0	0,091 3	0,035 5	0,003 6	0,000 2
	3	0,411 4	0,225 2	0,107 1	0,015 9	0,001 3
	4	0,629 6	0,414 9	0,237 5	0,050 9	0,005 9
	5	0,804 2	0,617 2	0,416 4	0,125 6	0,020 7
	6	0,913 3	0,785 8	0,608 0	0,250 0	0,057 7
	7	0,967 8	0,898 2	0,772 3	0,415 9	0,131 6
	8	0,990 0	0,959 1	0,886 7	0,595 6	0,251 7
	9	0,997 4	0,986 2	0,952 1	0,755 3	0,411 9
	10	0,999 4	0,996 1	0,982 9	0,872 4	0,588 1
	11	0,999 9	0,999 1	0,994 9	0,943 4	0,748 3
	12	1,000 0	0,999 8	0,998 8	0,978 9	0,868 4
	13		1,000 0	0,999 8	0,993 5	0,942 3
	14			1,000 0	0,998 4	0,979 3
	15				0,999 7	0,994 1
	16				1,000 0	0,998 7
	17					0,999 8
	18					1,000 0

Table 8 $P(\mathcal{P}_m=k)$

k \ m	0,20	0,40	0,60	0,80	1,00	1,50	2,00	2,50	3,00	4,00	5,00	6,00	7,00	m \ k
0	0,819	0,670	0,549	0,449	0,368	0,223	0,135	0,082	0,050	0,018	0,007	0,002	0,001	0
1	0,164	0,268	0,329	0,359	0,368	0,335	0,271	0,205	0,149	0,073	0,034	0,015	0,006	1
2	0,016	0,054	0,099	0,144	0,184	0,251	0,271	0,256	0,224	0,147	0,084	0,045	0,022	2
3	0,001	0,007	0,020	0,038	0,061	0,126	0,180	0,214	0,224	0,195	0,140	0,089	0,052	3
4	0,000	0,001	0,003	0,008	0,015	0,047	0,090	0,134	0,168	0,195	0,175	0,134	0,091	4
5		0,000	0,000	0,001	0,003	0,014	0,036	0,067	0,101	0,156	0,175	0,161	0,128	5
6				0,000	0,001	0,004	0,012	0,028	0,050	0,104	0,146	0,161	0,149	6
7					0,000	0,001	0,003	0,010	0,022	0,060	0,104	0,138	0,149	7
8						0,000	0,001	0,003	0,008	0,030	0,065	0,103	0,130	8
9							0,000	0,001	0,003	0,013	0,036	0,069	0,101	9
10								0,000	0,001	0,005	0,018	0,041	0,071	10
11									0,000	0,002	0,008	0,023	0,045	11
12										0,001	0,003	0,011	0,026	12
13										0,000	0,001	0,005	0,014	13
14											0,000	0,002	0,007	14
15												0,001	0,003	15
16												0,000	0,001	16
17													0,001	17
18													0,000	18
19														19
20														20

k : Valeur de la variable de Poisson, $\mathcal{P}_m$
m : Moyenne de la variable de Poisson, $\mathcal{P}_m$

k \ m	8,00	8,50	9,00	10,00	11,00	12,00	13,00	14,00	15,00	16,00	m / k
0	0,000	0,000	0,000								0
1	0,003	0,002	0,001	0,000	0,000						1
2	0,011	0,007	0,005	0,002	0,001	0,000	0,000				2
3	0,029	0,021	0,015	0,008	0,004	0,002	0,001	0,000	0,000		3
4	0,057	0,044	0,034	0,019	0,010	0,005	0,003	0,001	0,001	0,000	4
5	0,092	0,075	0,061	0,038	0,022	0,013	0,007	0,004	0,002	0,001	5
6	0,122	0,107	0,091	0,063	0,041	0,025	0,015	0,009	0,005	0,003	6
7	0,140	0,129	0,117	0,090	0,065	0,044	0,028	0,017	0,010	0,006	7
8	0,140	0,138	0,132	0,113	0,089	0,066	0,046	0,030	0,019	0,012	8
9	0,124	0,130	0,132	0,125	0,109	0,087	0,066	0,047	0,032	0,021	9
10	0,099	0,110	0,114	0,125	0,119	0,105	0,086	0,066	0,049	0,034	10
11	0,072	0,085	0,097	0,114	0,119	0,114	0,101	0,084	0,066	0,050	11
12	0,048	0,060	0,073	0,095	0,109	0,114	0,110	0,098	0,083	0,066	12
13	0,030	0,040	0,050	0,073	0,093	0,106	0,110	0,106	0,096	0,081	13
14	0,017	0,024	0,032	0,052	0,073	0,090	0,102	0,106	0,102	0,093	14
15	0,009	0,014	0,019	0,035	0,053	0,072	0,088	0,099	0,102	0,099	15
16	0,005	0,007	0,011	0,022	0,037	0,054	0,072	0,087	0,096	0,099	16
17	0,002	0,004	0,006	0,013	0,024	0,038	0,055	0,071	0,085	0,093	17
18	0,001	0,002	0,003	0,007	0,015	0,026	0,040	0,055	0,071	0,083	18
19	0,000	0,001	0,001	0,004	0,008	0,016	0,027	0,041	0,056	0,070	19
20		0,000	0,001	0,002	0,005	0,010	0,018	0,029	0,042	0,056	20
21			0,000	0,001	0,002	0,006	0,011	0,019	0,030	0,043	21
22				0,000	0,001	0,003	0,006	0,012	0,020	0,031	22
23					0,001	0,002	0,004	0,007	0,013	0,022	23
24					0,000	0,001	0,002	0,004	0,008	0,014	24
25						0,000	0,001	0,002	0,005	0,009	25
26							0,001	0,001	0,003	0,006	26
27							0,000	0,001	0,002	0,003	27
28								0,000	0,001	0,002	28
29									0,000	0,001	29
30										0,001	30

Table 8bis $P(\mathcal{P}_m \leq k)$

k \ m	0,20	0,40	0,60	0,80	1,00	1,50	2,00	2,50	3,00	4,00	5,00	m \ k
0	0,819	0,670	0,549	0,449	0,368	0,223	0,135	0,082	0,050	0,018	0,007	0
1	0,982	0,938	0,878	0,809	0,736	0,558	0,406	0,287	0,199	0,092	0,040	1
2	0,999	0,992	0,977	0,953	0,920	0,809	0,677	0,543	0,423	0,238	0,125	2
3	1,000	0,999	0,997	0,991	0,981	0,934	0,857	0,757	0,647	0,433	0,265	3
4		1,000	1,000	0,999	0,996	0,981	0,947	0,891	0,815	0,629	0,440	4
5				1,000	0,999	0,996	0,983	0,958	0,916	0,785	0,616	5
6					1,000	0,999	0,995	0,986	0,966	0,889	0,762	6
7						1,000	0,999	0,996	0,988	0,949	0,867	7
8							1,000	0,999	0,996	0,979	0,932	8
9								1,000	0,999	0,992	0,968	9
10									1,000	0,997	0,986	10
11										0,999	0,995	11
12										1,000	0,998	12
13											0,999	13
14											1,000	14
15												15
16												16
17												17
18												18
19												19
20												20

k : Valeur maximum de la variable de Poisson, $\mathcal{P}m$

m : Moyenne de la variable de Poisson, $\mathcal{P}m$

k \ *m*	6,00	7,00	8,00	9,00	10,00	11,00	12,00	13,00	14,00	15,00	16,00	*m* \ *k*
0	0,002	0,001	0,000	0,000								0
1	0,017	0,007	0,003	0,001	0,000	0,000	0,000					1
2	0,062	0,030	0,014	0,006	0,003	0,001	0,001	0,000				2
3	0,151	0,082	0,042	0,021	0,010	0,005	0,002	0,001	0,000	0,000		3
4	0,285	0,173	0,100	0,055	0,029	0,015	0,008	0,004	0,002	0,001	0,000	4
5	0,446	0,301	0,191	0,116	0,067	0,038	0,020	0,011	0,006	0,003	0,001	5
6	0,606	0,450	0,313	0,207	0,130	0,079	0,046	0,026	0,014	0,008	0,004	6
7	0,744	0,599	0,453	0,324	0,220	0,143	0,090	0,054	0,032	0,018	0,010	7
8	0,847	0,729	0,593	0,456	0,333	0,232	0,155	0,100	0,062	0,037	0,022	8
9	0,916	0,830	0,717	0,587	0,458	0,341	0,242	0,166	0,109	0,070	0,043	9
10	0,957	0,901	0,816	0,706	0,583	0,460	0,347	0,252	0,176	0,118	0,077	10
11	0,980	0,947	0,888	0,803	0,697	0,579	0,462	0,353	0,260	0,185	0,127	11
12	0,991	0,973	0,936	0,876	0,792	0,689	0,576	0,463	0,358	0,268	0,193	12
13	0,996	0,987	0,966	0,926	0,864	0,781	0,682	0,573	0,464	0,363	0,275	13
14	0,999	0,994	0,983	0,959	0,917	0,854	0,772	0,675	0,570	0,466	0,368	14
15	0,999	0,998	0,992	0,978	0,951	0,907	0,844	0,764	0,669	0,568	0,467	15
16	1,000	0,999	0,996	0,989	0,973	0,944	0,899	0,835	0,756	0,664	0,566	16
17		1,000	0,998	0,995	0,986	0,968	0,937	0,890	0,827	0,749	0,659	17
18			0,999	0,998	0,993	0,982	0,963	0,930	0,883	0,819	0,742	18
19			1,000	0,999	0,997	0,991	0,979	0,957	0,923	0,875	0,812	19
20				1,000	0,998	0,995	0,988	0,975	0,952	0,917	0,868	20
21					0,999	0,998	0,994	0,986	0,971	0,947	0,911	21
22					1,000	0,999	0,997	0,992	0,983	0,967	0,942	22
23						1,000	0,999	0,996	0,991	0,981	0,963	23
24							0,999	0,998	0,995	0,989	0,978	24
25							1,000	0,999	0,997	0,994	0,987	25
26								1,000	0,999	0,997	0,993	26
27									0,999	0,998	0,996	27
28									1,000	0,999	0,998	28
29										1,000	0,999	29
30											0,999	30
31											1,000	31

Table 9 $p = P(\mathcal{N} \leq -|b|)$

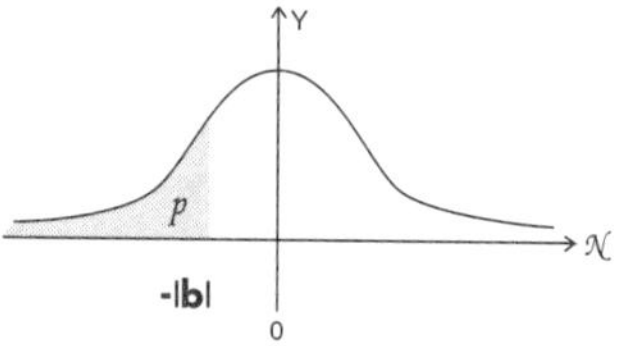

– |b|	0	1	2	3	4
0,0	0,500 0	0,496 0	0,492 0	0,488 0	0,484 0
- 0,1	0,460 2	0,456 2	0,452 2	0,448 3	0,444 3
- 0,2	0,420 7	0,416 8	0,412 9	0,409 0	0,405 2
- 0,3	0,382 1	0,378 3	0,374 5	0,370 7	0,366 9
- 0,4	0,344 6	0,340 9	0,337 2	0,333 6	0,330 0
- 0,5	0,308 5	0,305 0	0,301 5	0,298 1	0,294 6
- 0,6	0,274 2	0,270 9	0,267 6	0,264 3	0,261 1
- 0,7	0,242 0	0,238 8	0,235 8	0,232 7	0,229 6
- 0,8	0,211 9	0,209 0	0,206 1	0,203 3	0,200 4
- 0,9	0,184 1	0,181 4	0,178 8	0,176 2	0,173 6
- 1,0	0,158 7	0,156 2	0,153 9	0,151 5	0,149 2
- 1,1	0,135 7	0,133 5	0,131 4	0,129 2	0,127 1
- 1,2	0,115 1	0,113 1	0,111 2	0,109 3	0,107 5
- 1,3	0,096 8	0,095 1	0,093 4	0,091 8	0,090 1
- 1,4	0,080 8	0,079 3	0,077 8	0,076 4	0,074 9
- 1,5	0,066 8	0,065 5	0,064 3	0,063 0	0,0618
- 1,6	0,054 8	0,053 7	0,052 6	0,051 6	0,050 5
- 1,7	0,044 6	0,043 6	0,042 7	0,041 8	0,040 9
- 1,8	0,035 9	0,035 1	0,034 4	0,033 6	0,032 9
- 1,9	0,028 7	0,028 1	0,027 4	0,026 8	0,026 2
- 2,0	0,022 8	0,022 2	0,021 7	0,021 2	0,020 7
- 2,1	0,017 9	0,017 4	0,017 0	0,016 6	0,016 2
- 2,2	0,013 9	0,013 6	0,013 2	0,012 9	0,012 5
- 2,3	0,010 7	0,010 4	0,010 2	0,009 9	0,009 6
- 2,4	0,008 2	0,008 0	0,007 8	0,007 5	0,007 3
- 2,5	0,006 2	0,006 0	0,005 9	0,005 7	0,005 5
- 2,6	0,004 7	0,004 5	0,004 4	0,004 3	0,004 1
- 2,7	0,003 5	0,003 4	0,003 3	0,003 2	0,003 1
- 2,8	0,002 6	0,002 5	0,002 4	0,002 3	0,002 3
- 2,9	0,001 9	0,001 8	0,001 8	0,001 7	0,001 6

A l'intersection de la 3[e] ligne et de la colonne 4, on lit : $P(\mathcal{N} \leq -0{,}24) = 0{,}405\ 2$

- |b|	5	6	7	8	9
0,0	0,480 1	0,476 1	0,472 1	0,468 1	0,464 1
- 0,1	0,440 4	0,436 4	0,432 5	0,428 6	0,424 6
- 0,2	0,401 3	0,397 4	0,393 6	0,389 7	0,385 9
- 0,3	0,363 2	0,359 4	0,355 7	0,352 0	0,348 3
- 0,4	0,326 4	0,322 8	0,319 2	0,315 6	0,312 1
- 0,5	0,291 2	0,287 7	0,284 3	0,281 0	0,277 6
- 0,6	0,257 8	0,254 6	0,251 4	0,248 2	0,245 1
- 0,7	0,226 6	0,223 6	0,220 6	0,217 7	0,214 8
- 0,8	0,197 7	0,194 9	0,192 2	0,189 4	0,186 7
- 0,9	0,171 1	0,168 5	0,166 0	0,163 5	0,161 1
- 1,0	0,146 9	0,144 6	0,142 3	0,140 1	0,137 9
- 1,1	0,125 1	0,123 0	0,121 0	0,119 0	0,117 0
- 1,2	0,105 6	0,103 8	0,102 0	0,100 3	0,098 5
- 1,3	0,088 5	0,086 9	0,085 3	0,083 8	0,082 3
- 1,4	0,073 5	0,072 1	0,070 8	0,069 4	0,068 1
- 1,5	0,060 6	0,059 4	0,058 2	0,057 1	0,055 9
- 1,6	0,049 5	0,048 5	0,047 5	0,046 5	0,045 5
- 1,7	0,040 1	0,039 2	0,038 4	0,037 5	0,036 7
- 1,8	0,032 2	0,031 4	0,030 7	0,030 1	0,029 4
- 1,9	0,025 6	0,025 0	0,024 4	0,023 9	0,023 3
- 2,0	0,020 2	0,019 7	0,019 2	0,018 8	0,018 3
- 2,1	0,015 8	0,015 4	0,015 0	0,014 6	0,014 3
- 2,2	0,012 2	0,011 9	0,011 6	0,011 3	0,011 0
- 2,3	0,009 4	0,009 1	0,008 9	0,008 7	0,008 4
- 2,4	0,007 1	0,006 9	0,006 8	0,006 6	0,006 4
- 2,5	0,005 4	0,005 2	0,005 1	0,004 9	0,004 8
- 2,6	0,004 0	0,003 9	0,003 8	0,003 7	0,003 6
- 2,7	0,003 0	0,002 9	0,002 8	0,002 7	0,002 6
- 2,8	0,002 2	0,002 1	0,002 1	0,002 0	0,001 9
- 2,9	0,001 6	0,001 5	0,001 5	0,0014	0,001 4

Table 9 $p = P(\mathcal{N} \leq +|b|)$

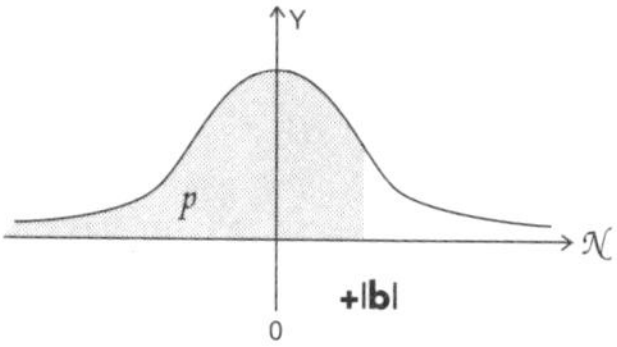

+ |b|	0	1	2	3	4
0,0	0,500 0	0,504 0	0,508 0	0,512 0	0,516 0
0,1	0,539 8	0,543 8	0,547 8	0,551 7	0,555 7
0,2	0,579 3	0,583 2	0,587 1	0,591 0	0,594 8
0,3	0,617 9	0,621 7	0,625 5	0,629 3	0,633 1
0,4	0,655 4	0,659 1	0,662 8	0,666 4	0,670 0
0,5	0,691 5	0,695 0	0,698 5	0,701 9	0,705 4
0,6	0,725 8	0,729 1	0,732 4	0,735 7	0,738 9
0,7	0,758 0	0,761 2	0,764 2	0,767 3	0,770 4
0,8	0,788 1	0,791 0	0,793 9	0,796 7	0,799 6
0,9	0,815 9	0,818 6	0,821 2	0,823 8	0,826 4
1,0	0,841 3	0,843 8	0,846 1	0,848 5	0,850 8
1,1	0,864 3	0,866 5	0,868 6	0,870 8	0,872 9
1,2	0,884 9	0,886 9	0,888 8	0,890 7	0,892 5
1,3	0,903 2	0,904 9	0,906 6	0,908 2	0,909 9
1,4	0,919 2	0,920 7	0,922 2	0,923 6	0,925 1
1,5	0,933 2	0,934 5	0,935 7	0,937 0	0,938 2
1,6	0,945 2	0,946 3	0,947 4	0,948 4	0,949 5
1,7	0,955 4	0,956 4	0,957 3	0,958 2	0,959 1
1,8	0,946 1	0,964 9	0,965 6	0,966 4	0,967 1
1,9	0,971 3	0,971 9	0,972 6	0,973 2	0,973 8
2,0	0,977 2	0,977 8	0,978 3	0,978 8	0,979 3
2,1	0,982 1	0,982 6	0,983 0	0,983 4	0,983 8
2,2	0,986 1	0,986 4	0,986 8	0,987 1	0,987 5
2,3	0,989 3	0,989 6	0,989 8	0,990 1	0,990 4
2,4	0,991 8	0,992 0	0,992 2	0,992 5	0,992 7
2,5	0,993 8	0,994 0	0,994 1	0,994 3	0,994 5
2,6	0,995 3	0,995 5	0,995 6	0,995 7	0,995 9
2,7	0,996 5	0,996 6	0,996 7	0,996 8	0,996 9
2,8	0,997 4	0,997 5	0,997 6	0,997 7	0,997 7
2,9	0,998 1	0,998 2	0,998 2	0,998 3	0,998 4

A l'intersection de la 3e ligne et de la colonne 4, on lit : $P(\mathcal{N} \leq +0,24) = 0,594\,8$

+ |b|	5	6	7	8	9
0,0	0,519 9	0,523 9	0,527 9	0,531 9	0,535 9
0,1	0,559 6	0,563 6	0,567 5	0,571 4	0,575 4
0,2	0,598 7	0,602 6	0,606 4	0,610 3	0,614 1
0,3	0,636 8	0,640 6	0,644 3	0,648 0	0,651 7
0,4	0,673 6	0,677 2	0,680 8	0,684 4	0,687 9
0,5	0,708 8	0,712 3	0,715 7	0,719 0	0,722 4
0,6	0,742 2	0,745 4	0,748 6	0,751 8	0,754 9
0,7	0,773 4	0,776 4	0,779 4	0,782 3	0,785 2
0,8	0,802 3	0,805 1	0,807 8	0,810 6	0,813 3
0,9	0,828 9	0,831 5	0,834 0	0,836 5	0,838 9
1,0	0,853 1	0,855 4	0,857 7	0,859 9	0,862 1
1,1	0,874 9	0,877 0	0,879 0	0,881 0	0,883 0
1,2	0,894 4	0,896 2	0,898 0	0,899 7	0,901 5
1,3	0,911 5	0,913 1	0,914 7	0,916 2	0,917 7
1,4	0,926 5	0,927 9	0,929 2	0,930 6	0,931 9
1,5	0,939 4	0,940 6	0,941 8	0,942 9	0,944 1
1,6	0,950 5	0,951 5	0,952 5	0,953 5	0,954 5
1,7	0,959 9	0,960 8	0,961 6	0,962 5	0,963 3
1,8	0,967 8	0,968 6	0,969 3	0,969 9	0,970 6
1,9	0,974 4	0,975 0	0,975 6	0,976 1	0,976 7
2,0	0,979 8	0,980 3	0,980 8	0,981 2	0,981 7
2,1	0,984 2	0,984 6	0,985 0	0,985 4	0,985 7
2,2	0,987 8	0,988 1	0,988 4	0,988 7	0,989 0
2,3	0,990 6	0,990 9	0,991 1	0,991 3	0,991 6
2,4	0,992 9	0,993 1	0,993 2	0,993 4	0,993 6
2,5	0,994 6	0,994 8	0,994 9	0,995 1	0,995 2
2,6	0,996 0	0,996 1	0,996 2	0,996 3	0,996 4
2,7	0,997 0	0,997 1	0,997 2	0,997 3	0,997 4
2,8	0,997 8	0,997 9	0,997 9	0,998 0	0,998 1
2,9	0,998 4	0,998 5	0,998 5	0,998 6	0,998 6

Table 9bis

A l'intersection de la ligne 0,01
et de la colonne 0,002,
on lit : P(𝒩 ≤ – 2,257 1) = 0,012

P	0,000	0,001	0,002	0,003	0,004	0,005	+
0,00	∞	3,090 2	2,878 2	2,747 8	2,652 1	2,575 8	**0,99**
0,01	2,326 3	2,290 4	2,257 1	2,226 2	2,197 3	2,170 1	**0,98**
0,02	2,053 7	2,033 5	2,014 1	1,995 4	1,977 4	1,960 0	**0,97**
0,03	1,880 8	1,866 3	1,852 2	1,838 4	1,825 0	1,811 9	**0,96**
0,04	1,750 7	1,739 2	1,727 9	1,716 9	1,706 0	1,695 4	**0,95**
0,05	1,644 9	1,635 2	1,625 8	1,616 4	1,607 2	1,598 2	**0,94**
0,06	1,554 8	1,546 4	1,538 2	1,530 1	1,522 0	1,514 1	**0,93**
0,07	1,475 8	1,468 4	1,461 1	1,453 8	1,446 6	1,439 5	**0,92**
0,08	1,405 1	1,398 4	1,391 7	1,385 2	1,378 7	1,372 2	**0,91**
0,09	1,340 8	1,334 6	1,328 5	1,322 5	1,316 5	1,310 6	**0,90**
0,10	1,281 6	1,275 9	1,270 2	1,264 6	1,259 1	1,253 6	**0,89**
0,11	1,226 5	1,221 2	1,216 0	1,210 7	1,205 5	1,200 4	**0,88**
0,12	1,175 0	1,170 0	1,165 0	1,160 1	1,155 2	1,150 3	**0,87**
0,13	1,126 4	1,121 7	1,117 0	1,112 3	1,107 7	1,103 1	**0,86**
0,14	1,080 3	1,075 8	1,071 4	1,066 9	1,062 5	1,058 1	**0,85**
0,15	1,036 4	1,032 2	1,027 9	1,023 7	1,019 4	1,015 2	**0,84**
0,16	0,994 5	0,990 4	0,986 3	0,982 2	0,978 2	0,974 1	**0,83**
0,17	0,954 2	0,950 2	0,946 3	0,942 4	0,938 5	0,934 6	**0,82**
0,18	0,915 4	0,911 6	0,907 8	0,904 0	0,900 2	0,896 5	**0,81**
0,19	0,877 9	0,874 2	0,870 5	0,866 9	0,863 3	0,859 6	**0,80**
0,20	0,841 6	0,838 1	0,834 5	0,831 0	0,827 4	0,823 9	**0,79**
0,21	0,806 4	0,803 0	0,799 5	0,796 1	0,792 6	0,789 2	**0,78**
0,22	0,772 2	0,768 8	0,765 5	0,762 1	0,758 8	0,755 4	**0,77**
0,23	0,738 8	0,735 6	0,732 3	0,729 0	0,725 7	0,722 5	**0,76**
0,24	0,706 3	0,703 1	0,699 9	0,696 7	0,693 5	0,690 3	**0,75**
0,25	0,674 5	0,671 3	0,668 2	0,665 1	0,662 0	0,658 8	**0,74**
0,26	0,643 3	0,640 3	0,637 2	0,634 1	0,631 1	0,628 0	**0,73**
0,27	0,612 8	0,609 8	0,606 8	0,603 8	0,600 8	0,597 8	**0,72**
0,28	0,582 8	0,579 9	0,576 9	0,574 0	0,571 0	0,568 1	**0,71**
0,29	0,553 4	0,550 5	0,547 6	0,544 6	0,541 7	0,538 8	**0,70**
0,30	0,524 4	0,521 5	0,518 7	0,515 8	0,512 9	0,510 1	**0,69**
0,31	0,495 9	0,493 0	0,490 2	0,487 4	0,484 5	0,481 7	**0,68**
0,32	0,467 7	0,464 9	0,462 1	0,459 3	0,456 5	0,453 8	**0,67**
0,33	0,439 9	0,437 2	0,434 4	0,431 6	0,428 9	0,426 1	**0,66**
0,34	0,412 5	0,409 7	0,407 0	0,404 3	0,401 6	0,398 9	**0,65**
0,35	0,385 3	0,382 6	0,379 9	0,377 2	0,374 5	0,371 9	**0,64**
0,36	0,358 5	0,355 8	0,353 1	0,350 5	0,347 9	0,345 1	**0,63**
0,37	0,331 9	0,329 2	0,326 6	0,323 9	0,321 3	0,318 6	**0,62**
0,38	0,305 5	0,302 9	0,300 2	0,297 6	0,295 0	0,292 4	**0,61**
0,39	0,279 3	0,276 7	0,274 1	0,271 5	0,268 9	0,266 3	**0,60**
0,40	0,253 3	0,250 8	0,248 2	0,245 6	0,243 0	0,240 4	**0,59**
0,41	0,227 5	0,225 0	0,222 4	0,219 8	0,217 3	0,214 7	**0,58**
0,42	0,201 9	0,199 3	0,196 8	0,194 2	0,191 7	0,189 1	**0,57**
0,43	0,176 4	0,173 8	0,171 3	0,168 7	0,166 2	0,163 7	**0,56**
0,44	0,151 0	0,148 4	0,145 9	0,143 4	0,140 8	0,138 3	**0,55**
0,45	0,125 7	0,123 1	0,120 6	0,118 1	0,115 6	0,113 0	**0,54**
0,46	0,100 4	0,097 9	0,095 4	0,092 9	0,090 4	0,087 8	**0,53**
0,47	0,075 3	0,072 8	0,070 2	0,067 7	0,065 2	0,062 7	**0,52**
0,48	0,050 2	0,047 6	0,045 1	0,042 6	0,040 1	0,037 6	**0,51**
0,49	0,025 1	0,022 6	0,020 1	0,017 5	0,015 0	0,012 5	**0,50**
–	**0,010**	**0,009**	**0,008**	**0,007**	**0,006**	**0,005**	**P**

A l'intersection de la ligne 0,98 et de la colonne 0,008, on lit : P(𝒩 ≤ + 2,257 1) = 0,988

P	0,006	0,007	0,008	0,009	0,010	+
0,00	2,512 1	2,457 3	2,408 9	2,365 6	2,326 3	**0,99**
0,01	2,144 4	2,120 1	2,096 9	2,074 9	2,053 7	**0,98**
0,02	1,943 1	1,926 8	1,911 0	1,895 7	1,880 8	**0,97**
0,03	1,799 1	1,786 6	1,774 4	1,762 4	1,750 7	**0,96**
0,04	1,684 9	1,674 7	1,664 6	1,654 6	1,644 9	**0,95**
0,05	1,589 3	1,580 5	1,571 8	1,563 2	1,554 8	**0,94**
0,06	1,506 3	1,498 5	1,490 9	1,483 3	1,475 8	**0,93**
0,07	1,432 5	1,425 5	1,418 7	1,411 8	1,405 1	**0,92**
0,08	1,365 8	1,359 5	1,353 2	1,346 9	1,340 8	**0,91**
0,09	1,304 7	1,298 8	1,293 0	1,287 3	1,281 6	**0,90**
0,10	1,248 1	1,242 6	1,237 2	1,231 9	1,226 5	**0,89**
0,11	1,195 2	1,190 1	1,185 0	1,180 0	1,175 0	**0,88**
0,12	1,145 5	1,140 7	1,135 9	1,131 1	1,126 4	**0,87**
0,13	1,098 5	1,093 9	1,089 3	1,084 8	1,080 3	**0,86**
0,14	1,053 7	1,049 4	1,045 0	1,040 7	1,036 4	**0,85**
0,15	1,011 0	1,006 9	1,002 7	0,998 6	0,994 5	**0,84**
0,16	0,970 1	0,966 1	0,962 1	0,958 1	0,954 2	**0,83**
0,17	0,930 7	0,926 9	0,923 0	0,919 2	0,915 4	**0,82**
0,18	0,892 7	0,889 0	0,885 3	0,881 6	0,877 9	**0,81**
0,19	0,856 0	0,852 4	0,848 8	0,845 2	0,841 6	**0,80**
0,20	0,820 4	0,816 9	0,813 4	0,809 9	0,806 4	**0,79**
0,21	0,785 8	0,782 4	0,779 0	0,775 6	0,772 2	**0,78**
0,22	0,752 1	0,748 8	0,745 4	0,742 1	0,738 8	**0,77**
0,23	0,719 2	0,716 0	0,712 7	0,709 5	0,706 3	**0,76**
0,24	0,687 1	0,684 0	0,680 8	0,677 6	0,674 5	**0,75**
0,25	0,655 7	0,652 6	0,649 5	0,646 4	0,643 3	**0,74**
0,26	0,625 0	0,621 9	0,618 9	0,615 8	0,612 8	**0,73**
0,27	0,594 8	0,591 8	0,588 8	0,585 8	0,582 8	**0,72**
0,28	0,565 1	0,562 2	0,559 2	0,556 3	0,553 4	**0,71**
0,29	0,535 9	0,533 0	0,530 2	0,527 3	0,524 4	**0,70**
0,30	0,507 2	0,504 4	0,501 5	0,498 7	0,495 9	**0,69**
0,31	0,478 9	0,476 1	0,473 3	0,470 5	0,467 7	**0,68**
0,32	0,451 0	0,448 2	0,445 4	0,442 7	0,439 9	**0,67**
0,33	0,423 4	0,420 7	0,417 9	0,415 2	0,412 5	**0,66**
0,34	0,396 1	0,3934	0,390 7	0,388 0	0,385 3	**0,65**
0,35	0,369 2	0,366 5	0,363 8	0,361 1	0,358 5	**0,64**
0,36	0,342 5	0,339 8	0,337 2	0,334 5	0,331 9	**0,63**
0,37	0,316 0	0,313 4	0,310 7	0,308 1	0,305 5	**0,62**
0,38	0,289 8	0,287 1	0,284 5	0,281 9	0,279 3	**0,61**
0,39	0,263 7	0,261 1	0,258 5	0,255 9	0,253 3	**0,60**
0,40	0,237 9	0,235 3	0,232 7	0,230 1	0,227 5	**0,59**
0,41	0,212 1	0,209 6	0,207 0	0,204 5	0,201 9	**0,58**
0,42	0,186 6	0,184 0	0,181 5	0,178 9	0,176 4	**0,57**
0,43	0,161 1	0,158 6	0,156 0	0,153 5	0,151 0	**0,56**
0,44	0,135 8	0,133 2	0,130 7	0,128 2	0,125 7	**0,55**
0,45	0,110 5	0,108 0	0,105 5	0,103 0	0,100 4	**0,54**
0,46	0,085 3	0,082 8	0,080 3	0,077 8	0,075 3	**0,53**
0,47	0,060 2	0,057 7	0,055 2	0,052 7	0,050 1	**0,52**
0,48	0,035 1	0,032 6	0,030 1	0,027 6	0,025 1	**0,51**
0,49	0,010 0	0,007 5	0,005 0	0,002 5	0,000 0	**0,50**
–	**0,004**	**0,003**	**0,002**	**0,001**	**0,000**	**P**

Table 10 $p = P(S_n \leq +|b|)$

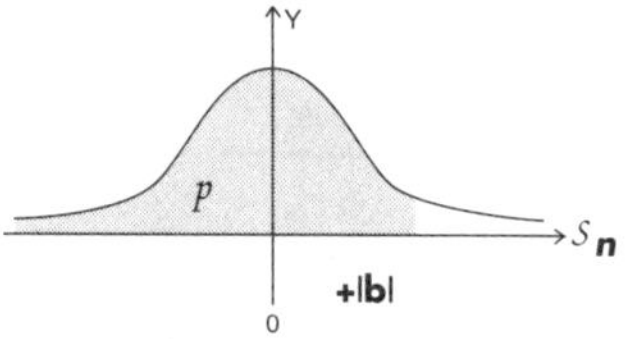

n \ p	0,50	0,60	0,70	0,80	0,90	0,95
1	0,000	0,325	0,727	1,376	3,078	6,314
2	0,000	0,289	0,617	1,061	1,886	2,920
3	0,000	0,277	0,584	0,978	1,638	2,353
4	0,000	0,271	0,569	0,941	1,533	2,132
5	0,000	0,267	0,559	0,920	1,476	2,015
6	0,000	0,265	0,553	0,906	1,440	1,943
7	0,000	0,263	0,549	0,896	1,415	1,895
8	0,000	0,262	0,546	0,889	1,397	1,860
9	0,000	0,261	0,543	0,883	1,383	1,833
10	0,000	0,260	0,542	0,879	1,372	1,812
11	0,000	0,260	0,540	0,876	1,363	1,796
12	0,000	0,259	0,539	0,873	1,356	1,782
13	0,000	0,259	0,538	0,870	1,350	1,771
14	0,000	0,258	0,537	0,868	1,345	1,761
15	0,000	0,258	0,536	0,866	1,341	1,753
16	0,000	0,258	0,535	0,865	1,337	1,746
17	0,000	0,257	0,534	0,863	1,333	1,740
18	0,000	0,257	0,534	0,862	1,330	1,734
19	0,000	0,257	0,533	0,861	1,328	1,729
20	0,000	0,257	0,533	0,860	1,325	1,725
21	0,000	0,257	0,532	0,859	1,323	1,721
22	0,000	0,256	0,532	0,858	1,321	0,717
23	0,000	0,256	0,532	0,858	1,319	1,714
24	0,000	0,256	0,531	0,857	1,318	1,711
25	0,000	0,256	0,531	0,856	1,316	1,708
26	0,000	0,256	0,531	0,856	1,315	1,706
27	0,000	0,256	0,531	0,855	1,314	1,703
28	0,000	0,256	0,530	0,855	1,313	1,701
29	0,000	0,256	0,530	0,854	1,311	1,699
30	0,000	0,256	0,530	0,854	1,310	1,697
40	0,000	0,255	0,529	0,851	1,303	1,684
60	0,000	0,254	0,527	0,848	1,296	1,671
80	0,000	0,254	0,527	0,846	1,292	1,664
100	0,000	0,254	0,526	0,845	1,290	1,660
200	0,000	0,254	0,525	0,843	1,286	1,653
∞	0,000	0,253	0,524	0,842	1,282	1,645

n : Nombre de degrés de liberté de la variable de Student, S_n
A l'intersection de la 4e ligne et de la colonne 0,70, on lit : $p = 0{,}70 = P(S_4 \leq 0{,}569)$.

Lorsque la probabilité est inférieur à 0,5 on trouve -Ibl de la façon suivante :
ex : Pour une S_3, $p = 0{,}025 \rightarrow$ -Ibl = ?
Calculez $1 - p = 1 - 0{,}025 = 0{,}975$
Cherchez +Ibl dans la 3e ligne et la colonne 0,975 : + 3,182
Donc : $0{,}025 = P(S_3 \leq -3{,}182)$.

n \ p	0,975	0,990	0,995	0,999	0,9995
1	12,71	31,82	63,66	318,3	636,6
2	4,303	6,965	9,925	22,33	31,60
3	3,182	4,541	5,841	10,22	12,94
4	2,776	3,747	4,604	7,173	8,610
5	2,571	3,365	4,032	5,893	6,859
6	2,447	3,143	3,707	5,208	5,959
7	2,365	2,998	3,499	4,785	5,405
8	2,306	2,896	3,355	4,501	5,041
9	2,262	2,821	3,250	4,297	4,781
10	2,228	2,764	3,169	4,144	4,587
11	2,201	2,718	3,106	4,025	4,437
12	2,179	2,681	3,055	3,930	4,318
13	2,160	2,650	3,012	3,852	4,221
14	2,145	2,624	2,977	3,787	4,140
15	2,131	2,602	2,947	3,733	4,073
16	2,120	2,583	2,921	3,686	4,015
17	2,110	2,567	2,898	3,646	3,965
18	2,101	2,552	2,878	3,611	3,922
19	2,093	2,539	2,861	3,579	3,883
20	2,086	2,528	2,845	3,552	3,850
21	2,080	2,518	2,831	3,527	3,819
22	2,074	2,508	2,819	3,505	3,792
23	2,069	2,500	2,807	3,485	3,767
24	2,064	2,492	2,797	3,467	3,745
25	2,060	2,485	2,787	3,450	3,725
26	2,056	2,479	2,779	3,435	3,707
27	2,052	2,473	2,771	3,421	3,690
28	2,048	2,467	2,763	3,408	3,674
29	2,045	2,462	2,756	3,396	3,659
30	2,042	2,457	2,750	3,385	3,646
40	2,021	2,423	2,704	3,307	3,551
60	2,000	2,390	2,660	3,232	3,460
80	1,990	2,374	2,639	3,195	3,415
100	1,984	2,365	2,626	3,174	3,389
200	1,972	2,345	2,601	3,131	3,339
∞	1,960	2,326	2,576	3,090	3,291

Table 11 $p = P(\chi_n^2 \le b)$

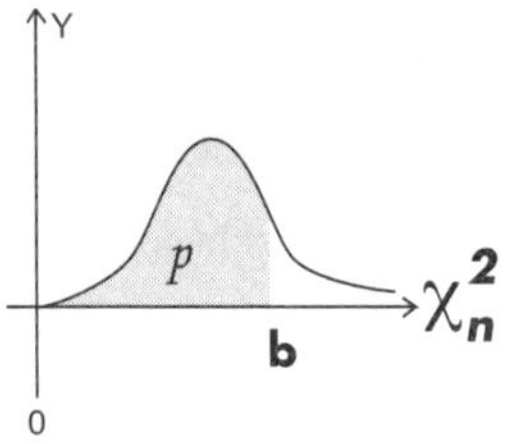

Utilisation de la Table 11
A l'intersection de la 4[e] ligne et de la colonne 0,010,
on lit : $\mathcal{P} = 0{,}010 = P(\chi_4^2 \le 0{,}297)$.

n \ p	0,001	0,005	0,010	0,025	0,05	0,10	0,50
1	-	-	-	0,001	0,004	0,016	0,455
2	0,002	0,010	0,020	0,051	0,103	0,211	1,39
3	0,024	0,072	0,115	0,216	0,352	0,584	2,37
4	0,091	0,207	0,297	0,484	0,711	1,06	3,36
5	0,210	0,412	0,554	0,831	1,15	1,61	4,35
6	0,381	0,676	0,872	1,24	1,64	2,20	5,35
7	0,598	0,989	1,24	1,69	2,17	2,83	6,35
8	0,857	1,34	1,65	2,18	2,73	3,49	7,34
9	1,15	1,73	2,09	2,70	3,33	4,17	8,34
10	1,48	2,16	2,56	3,25	3,94	4,87	9,34
11	1,83	2,60	3,05	3,82	4,57	5,58	10,3
12	2,21	3,07	3,57	4,40	5,23	6,30	11,3
13	2,62	3,57	4,11	5,01	5,89	7,04	12,3
14	3,04	4,07	4,66	5,63	6,57	7,79	13,3
15	3,48	4,60	5,23	6,26	7,26	8,55	14,3
16	3,94	5,14	5,81	6,91	7,96	9,31	15,3
17	4,42	5,70	6,41	7,56	8,67	10,1	16,3
18	4,90	6,26	7,01	8,23	9,39	10,9	17,3
19	5,41	6,84	7,63	8,91	10,1	11,7	18,3
20	5,92	7,43	8,26	9,59	10,9	12,4	19,3
21	6,45	8,03	8,90	10,3	11,6	13,2	20,3
22	6,98	8,64	9,54	11,0	12,3	14,0	21,3
23	7,53	9,26	10,2	11,7	13,1	14,8	22,3
24	8,08	9,89	10,9	12,4	13,8	15,7	23,3
25	8,65	10,5	11,5	13,1	14,6	16,5	24,3
26	9,22	11,2	12,2	13,8	15,4	17,3	25,3
27	9,80	11,8	12,9	14,6	16,2	18,1	26,3
28	10,4	12,5	13,6	15,3	16,9	18,9	27,3
29	11,0	13,1	14,3	16,0	17,7	19,8	28,3
30	11,6	13,8	15,0	16,8	18,5	20,6	29,3

n : Nombre de degrés de liberté de la variable de Khi-deux.

Lorsque n > 30 on peut admettre que la quantité $\sqrt{2\chi_n^2} - \sqrt{2n-1}$ suit approximativement la loi normale réduite.

Exemple :
Calculer la valeur χ_n^2 correspondant à $p = 0,90$ lorsque $n = 41$.
de la table 9 bis, on lit pour $p = 0,90$, $\mathcal{N} = 1,281\,6$. D'où :

$$\chi_{41}^2 = \frac{[\mathcal{N} + \sqrt{2n-1}]^2}{2} = \frac{1}{2}[1,281\,6 + \sqrt{82-1}]^2 = \frac{1}{2}(10,281\,6)^2 = 52,9$$

n \ p	0,900	0,950	0,975	0,990	0,995	0,999
1	2,71	3,84	5,02	6,63	7,88	10,8
2	4,61	5,99	7,38	9,21	10,6	13,8
3	6,25	7,81	9,35	11,3	12,8	16,3
4	7,78	9,49	11,1	13,3	14,9	18,5
5	9,24	11,1	12,8	15,1	16,7	20,5
6	10,6	12,6	14,4	16,8	18,5	22,5
7	12,0	14,1	16,0	18,5	20,3	24,3
8	13,4	15,5	17,5	20,1	22,0	26,1
9	14,7	16,9	19,0	21,7	23,6	27,9
10	16,0	18,3	20,5	23,2	25,2	29,6
11	17,3	19,7	21,9	24,7	26,8	31,3
12	18,5	21,0	23,3	26,2	28,3	32,9
13	19,8	22,4	24,7	27,7	29,8	34,5
14	21,1	23,7	26,1	29,1	31,3	36,1
15	22,3	25,0	27,5	30,6	32,8	37,7
16	23,5	26,3	28,8	32,0	34,3	39,3
17	24,8	27,6	30,2	33,4	35,7	40,8
18	26,0	28,9	31,5	34,8	37,2	42,3
19	27,2	30,1	32,9	36,2	38,6	43,8
20	28,4	31,4	34,2	37,6	40,0	45,3
21	29,6	32,7	35,5	38,9	41,4	46,8
22	30,8	33,9	36,8	40,3	42,8	48,3
23	32,0	35,2	38,1	41,6	44,2	49,7
24	33,2	36,4	39,4	43,0	45,6	51,2
25	34,4	37,7	40,6	44,3	46,9	52,6
26	35,6	38,9	41,9	45,6	48,3	54,1
27	36,7	40,1	43,2	47,0	49,6	55,5
28	37,9	41,3	44,5	48,3	51,0	56,9
29	39,1	42,6	45,7	49,6	52,3	58,3
30	40,3	43,8	47,0	50,9	53,7	59,7

Table 12

$$C = \frac{n\,!}{(n-k)!\times k!}$$

n \ k	0	1	2	3	4	5	6	7	8	9	10
1	1	1									
2	1	2	1								
3	1	3	3	1							
4	1	4	6	4	1						
5	1	5	10	10	5	1					
6	1	6	15	20	15	6	1				
7	1	7	21	35	35	21	7	1			
8	1	8	28	56	70	56	28	8	1		
9	1	9	36	84	126	126	84	36	9	1	
10	1	10	45	120	210	252	210	120	45	10	1
11	1	11	55	165	330	462	462	330	165	55	11
12	1	12	66	220	495	792	924	792	495	220	66
13	1	13	78	286	715	1 287	1 716	1 716	1 287	715	286
14	1	14	91	364	1 001	2 002	3 003	3 432	3 003	2 002	1 001
15	1	15	105	455	1 365	3 003	5 005	6 435	6 495	5 005	3 003
16	1	16	120	560	1 820	4 368	8 008	11 440	12 870	11 440	8 008
17	1	17	136	680	2 380	6 188	12 376	19 448	24 310	24 310	19 448
18	1	18	153	816	3 060	8 568	18 564	31 824	43 758	48 620	43 758
19	1	19	171	969	3 876	11 628	27 132	50 388	75 582	92 378	92 378
20	1	20	190	1 140	4 845	15 504	38 760	77 520	125 970	167 960	184 756

LES ÉDITIONS FOUCHER - 31 rue de Fleurus - 75006 Paris
N° 12247 - juin 1995 - I - PP/FA
Imprimerie Pollina, 85400 Luçon - n° 76016